MW01713312

Soyez heureux

sans effort sans douleur sans vous casser la tête

Infographie : Johanne Lemay
Révision : Sylvie Massariol
Correction : Charlotte de Celles et Joëlle Bouchard

Catalogage avant publication de Bibliothèque et Archives nationales du Québec et Bibliothèque et Archives Canada

Mandeville, Lucie, 1960-

Soyez heureux sans effort, sans douleur, sans vous casser la tête

Comprend des réf. bibliogr.

ISBN 978-2-7619-3318-6

1. Bonheur. 2. Psychologie positive. 3. Changement (Psychologie). I. Titre.

BF575.H27M362 2012 152.4'2 C2011-942842-3

01-12

© 2012, Les Éditions de l'Homme,
division du Groupe Sogides inc.,
filiale de Quebecor Media inc.
(Montréal, Québec)

Tous droits réservés

Dépôt légal : 2012
Bibliothèque et Archives nationales du Québec

ISBN 978-2-7619-3318-6

DISTRIBUTEURS EXCLUSIFS :

Pour le Canada et les États-Unis :
MESSAGERIES ADP*
2315, rue de la Province
Longueuil, Québec J4G 1G4
Téléphone : 450-640-1237
Télécopieur : 450-674-6237
Internet : www.messageries-adp.com
* filiale du Groupe Sogides inc.,
filiale de Quebecor Media inc.

Pour la France et les autres pays :
INTERFORUM editis
Immeuble Paryseine, 3, allée de la Seine
94854 Ivry CEDEX
Téléphone : 33 (0) 1 49 59 11 56/91
Télécopieur : 33 (0) 1 49 59 11 33
Service commandes France Métropolitaine
Téléphone : 33 (0) 2 38 32 71 00
Télécopieur : 33 (0) 2 38 32 71 28
Internet : www.interforum.fr
Service commandes Export – DOM-TOM
Télécopieur : 33 (0) 2 38 32 78 86
Internet : www.interforum.fr
Courriel : cdes-export@interforum.fr

Pour la Suisse :
INTERFORUM editis SUISSE
Case postale 69 – CH 1701 Fribourg – Suisse
Téléphone : 41 (0) 26 460 80 60
Télécopieur : 41 (0) 26 460 80 68
Internet : www.interforumsuisse.ch
Courriel : office@interforumsuisse.ch
Distributeur : OLF S.A.
ZI. 3, Corminboeuf
Case postale 1061 – CH 1701 Fribourg – Suisse
Commandes :
Téléphone : 41 (0) 26 467 53 33
Télécopieur : 41 (0) 26 467 54 66
Internet : www.olf.ch
Courriel : information@olf.ch

Pour la Belgique et le Luxembourg :
INTERFORUM BENELUX S.A.
Fond Jean-Pâques, 6
B-1348 Louvain-La-Neuve
Téléphone : 32 (0) 10 42 03 20
Télécopieur : 32 (0) 10 41 20 24
Internet : www.interforum.be
Courriel : info@interforum.be

Gouvernement du Québec – Programme de crédit d'impôt pour l'édition de livres – Gestion SODEC – www.sodec.gouv.qc.ca

L'Éditeur bénéficie du soutien de la Société de développement des entreprises culturelles du Québec pour son programme d'édition.

Conseil des Arts du Canada   Canada Council for the Arts

Nous remercions le Conseil des Arts du Canada de l'aide accordée à notre programme de publication.

Nous reconnaissons l'aide financière du gouvernement du Canada par l'entremise du Fonds du livre du Canada pour nos activités d'édition.

Lucie Mandeville

Soyez heureux sans effort sans douleur sans vous casser la tête

LES ÉDITIONS DE L'HOMME
Une compagnie de Quebecor Media

NOTE DE L'AUTEUR

La plupart des exemples donnés dans ce livre sont des cas vécus. Toutefois, certains faits ainsi que les noms des personnes ont été modifiés afin de préserver leur anonymat. J'éprouve un profond respect et une grande gratitude envers celles qui ont partagé avec moi leurs confidences. J'ai la conviction qu'elles aideront les lecteurs à dépasser leurs propres difficultés et à être heureux. Les histoires inspirantes et les allégories sont des récits qui ont fait le tour de la planète. Il est difficile de retracer leurs origines, mais je remercie les blogueurs qui les ont diffusées sur Internet.

Pour Jérémi

Introduction

Ce livre s'adresse aux gens qui aspirent à améliorer leur sort, mais qui ne veulent pas se casser la tête ni s'éreinter à l'ouvrage, et à ceux qui désirent trouver des **trucs** pour éviter de tomber dans les **pièges** qui les rendent malades et malheureux. Il est aussi destiné aux thérapeutes de la santé mentale qui cherchent des moyens simples, mais efficaces, de contribuer au rétablissement de leurs clients.

Ce livre suggère de remplacer certaines de nos présomptions au sujet de ce qui aide les gens à se sortir de leurs problèmes. L'une de ces présomptions est qu'il faut faire une démarche longue et pénible pour se sentir mieux. C'est faux ! Pour être bien dans sa peau, il n'est pas nécessaire de ressasser ses problèmes. Pour guérir ses blessures et dépasser ses peurs, on n'a pas obligatoirement à déterrer son passé.

Plusieurs livres prétendent que, lorsque nous examinons à fond nos problèmes, nous réussissons à les atténuer, voire à les faire disparaître. C'est une demi-vérité. Il arrive effectivement des moments où ça va mal et où nous voulons comprendre ce qui nous fait souffrir. Néanmoins, la compréhension seule ne suffit pas à notre rétablissement. Une fois que nous avons exploré un certain temps – pas trop longtemps ! – nos problèmes, nous devons vraiment nous pencher sur *ce qui va bien, sur nos forces*. Ces parcelles de bien-être qui subsistent constituent en fait le combustible dont nous avons besoin pour nous remettre sur pied.

Les professionnels de la santé mentale éprouvent une empathie viscérale pour les individus qui leur parlent de leur détresse. Ils peuvent saisir ce qu'ils redoutent, ce qui les a désemparés ou mis en colère. Ils peuvent plonger dans le gouffre sans issue dans lequel leurs clients ont parfois l'impression de se trouver. Mais encore ! Leur devoir ultime est de les aider à retrouver le sentiment d'être humains à part entière et d'éclairer la manière dont ils réussissent à se tenir debout, malgré tout.

Voilà pourquoi ce livre porte particulièrement sur divers moyens de surmonter l'adversité. L'approche originale qui y est suggérée s'inspire de ce que font les gens résilients : ils ont une réserve de bonnes attitudes qui leur servent à absorber les coups durs. Ils ne se compliquent pas la vie, mais réussissent à s'épanouir, tandis que d'autres ont le génie de s'embrouiller l'esprit et perdent leur temps à s'expliquer leur mauvaise fortune par des théories élégantes.

Ce livre est écrit pour les «paresseux» de l'épanouissement personnel.

Malgré sa simplicité apparente, l'approche proposée dans ce livre s'appuie sur de très sérieuses découvertes scientifiques des dernières années. Les recherches qui ont mené à ces découvertes suivent le courant tracé par de grands hommes marginaux, notamment Milton Erickson, Steve de Shazer et Paul Watzlawick. Cette approche s'inspire donc de leur conviction que les gens ont non seulement le droit de vouloir s'en sortir rapidement et de façon durable, mais surtout qu'ils *peuvent* y parvenir !

Il faut bien l'admettre, certaines personnes éprouvent de grandes difficultés à savourer leur présent, alors que d'autres possèdent tout ce qu'il faut pour être heureux, et s'en privent. Pourtant, il leur est bel et bien possible d'aller au-delà de leurs limites personnelles et de triompher de leurs peurs pour se sentir plus vivants que jamais. Et cela est vrai pour nous tous.

Vous pouvez changer.

L'histoire de Raoul illustre comment un homme qui se complaisait dans le mal-être a réussi à changer le cours de sa vie, ou plutôt... de sa mort.

Il n'est jamais trop tard pour être heureux

Raoul était sur le point de mourir et il jetait un dernier regard sur son existence. Il avait fait des erreurs, dont certaines qu'il regrettait amèrement. Sa méfiance vis-à-vis des autres et sa rancune avaient éloigné à jamais ses proches. Les derniers amis fidèles qui avaient longtemps résisté à son mauvais caractère l'avaient finalement abandonné à sa solitude. Sa jalousie indomptable avait eu raison de chaque rêve amoureux qui avait fleuri dans son jardin, pour se faner prématurément. Ce jour-là, il affrontait la pire de ses déconfitures: une maladie inexplicable qui rongeait ses organes et anéantissait ses forces.

Les médecins avaient tenté de sauver sa peau. En vain. Raoul en était à sa dernière scène, la plus pathétique de toutes. Pourtant, à l'hôpital où il se trouvait, il se transforma en comique tragique. «J'ai vécu ma vie comme un mort, je veux mourir comme un "bon vivant"», affirma-t-il, à demi sérieux. Il prit donc l'habitude de sortir de sa chambre avec son attirail de grand malade, poteau roulant, sérum et compagnie, afin de «prendre l'air» et de «voir le monde». Au passage, il lançait quelques blagues et encouragements aux patients hospitalisés pour un court séjour, alors qu'il savait que sa fin approchait.

Le personnel, qui ignorait son passé, le trouvait franchement sympathique et plutôt attachant. Le «Monsieur du 714», comme les soignants le surnommaient, faisait rire aux larmes, malgré son piteux état, et cela les consternait. Durant les derniers jours de son calvaire, sa condition s'est énormément détériorée. Il cherchait son souffle comme s'il courait un marathon sans répit. Sa douleur était intolérable aux yeux de ceux qui le couvaient de soins attendrissants. Lui, il était d'une sérénité surnaturelle.

Même s'il allait perdre sa bataille contre la mort, à ses yeux, il avait remporté une plus grande victoire. Il avait triomphé de son sale tempérament. À la veille du « grand voyage », le malcommode Raoul s'était métamorphosé ; c'est ainsi que, pour lui rendre un dernier hommage, le personnel lui décerna une mention qu'il accepta avec humilité, celle du... « mourant le plus heureux » !

Parfois, une expérience hors de l'ordinaire nous donne l'occasion de prendre du recul. Alors qu'elle participait à la populaire émission québécoise *Tout le monde en parle,* l'astronaute Julie Payette expliqua que, lorsque la navette traverse l'atmosphère et que la terre apparaît comme une minuscule boule bleue, on ne peut s'empêcher de jeter un regard différent sur notre existence. On se perçoit alors comme une toute petite poussière dans l'univers et notre propre vie devient bien relative. On se demande : « Qu'est-ce qui importe vraiment ? » et on redéfinit ses priorités.

Il faut bien l'admettre, d'un certain point de vue, nous sommes une petite particule éphémère. Tant qu'à être de passage sur Terre, il vaut mieux accorder le moins de temps possible à nos malheurs.

Dites-moi, qu'est-ce qui est vraiment important?

Ultimement, vous voulez être heureux. Nous voulons *tous* être heureux. Pourtant, quelquefois, nous faisons tout pour ne pas l'être. Nous passons à côté de notre bonheur. Les yeux miclos, la tête froide, les poings serrés, nous vivons, croyons-nous... sans toutefois vraiment vivre. Nous courons après quoi ? Après tout ce qui bouge ! Souvent aussi, nous faisons « comme si » la mort était un acte réservé aux autres. Au bout du compte, nous mourrons tout de même.

Parfois, des circonstances exceptionnelles nous obligent à adopter une nouvelle perspective. Mais on ne peut, comme certains spécialistes ou d'autres fortunés, se payer le luxe d'un voyage dans l'espace pour prendre une distance et repartir à neuf. À l'instar de Raoul, il ne nous arrive qu'une seule fois de mourir, et l'inévitable arrive généralement trop tôt.

> *Ce livre vous invite à vivre pleinement… avant de mourir !*

Ce livre peut vous aider à dépasser vos difficultés quelle que soit leur nature. La première partie explique deux pièges dans lesquels nous pouvons tomber par la force des choses. Le premier est de croire qu'il faut ruminer ses problèmes pour s'en affranchir. Or, trop penser à ce qui va mal a plutôt l'effet contraire : cela peut nous rendre encore plus malades ! Le deuxième piège est de présumer qu'il faut faire un interminable détour dans son passé pour régler définitivement ses problèmes. Pas nécessairement ! Nos traumatismes d'antan permettent d'expliquer la source de nos difficultés, mais ils n'apportent aucune *solution* à notre existence actuelle. Pire, à force de ressasser notre vécu, nous risquons de devenir prisonniers de notre passé et, qui sait, de nous y complaire.

La seconde partie de ce livre propose dix trucs souvent audacieux pour améliorer notre condition sans *effort* et sans *douleur.* Vous y apprendrez à miser sur le bon côté de vous-même et des choses, même dans les pires circonstances. Vous réaliserez que vous savez déjà comment sortir de vos difficultés, mais que vous ignorez que vous le savez. Une fois que vous aurez compris cela, la tâche sera assez simple. Mais encore vous faudra-t-il apprivoiser votre désir de changer radicalement et éviter les grandes enjambées qui pourraient mener à l'échec, tout comme il vous faudra choisir vos combats et « lâcher prise » en temps opportun. À la fin de cette aventure, vous vous ferez la main avec la magie des solutions insolites, car des choses absurdes fonctionnent là où le raisonnement échoue. Et, ultimement, vous découvrirez qu'il est possible de récrire votre histoire en mettant en jeu des personnages authentiques.

Les moyens proposés dans ce livre privilégient le bon sens, l'originalité et la facilité. À vous d'en tirer profit !

PARTIE UN

Deux pièges pour tomber malade

Nous faisons fréquemment une erreur qui nous empêche de trouver simplement une solution à nos problèmes. Cette erreur, c'est de croire que nous devons absolument faire un travail en profondeur pour saisir la source de notre mal-être. Nous présumons qu'un tel travail est la *meilleure* et même la *seule* manière valable de procéder pour résoudre définitivement nos difficultés. Nous pensons que nous devons comprendre *pourquoi* elles existent.

Pourquoi va-t-on mal?

Ainsi à la recherche du *pourquoi*, nous sommes persuadés qu'un problème s'est « développé » *pour* nous apprendre une « vérité ». Par exemple, nous nous imaginons qu'une maladie est apparue *pour* que nous décidions enfin de prendre soin de notre corps, qu'un malheur est survenu *pour* que nous sortions une fois pour toutes de notre léthargie!

Un problème peut effectivement se développer *parce* que l'on a de mauvaises habitudes; par exemple, on travaille trop ou on s'inquiète inutilement. Un malheur peut, de fait, nous enseigner bien des leçons, mais il n'est pas possédé d'un esprit maléfique. Tant mieux s'il nous amène à changer notre vie, mais vous savez quoi… il ne nous jette pas un mauvais sort si on ne le fait pas.

> *On a un tel besoin de trouver un sens à nos problèmes que lorsqu'on n'en trouve pas, on en invente un!*

Un problème n'a pas en soi de raison d'être et il n'est surtout pas indispensable. On peut être en santé et heureux et cela ne fait pas de soi une personne naïve, inconsciente ou de mauvaise foi. Mais, si on va effectivement mal, il est légitime de vouloir améliorer sa situation, et c'est possible de le faire *sans effort, sans douleur et sans se casser la tête.*

Une autre erreur est de croire qu'il est nécessaire de revisiter son passé pour vivre mieux le présent. Nous pensons à tort que nous devons explorer nos traumatismes de l'enfance pour régler nos ennuis actuels. Convaincus de l'idée que plus longue est l'introspection, mieux l'on s'en portera, certains s'offrent le luxe d'une analyse hebdomadaire de longue haleine avec leur psy.

Soyons réalistes ! Ce n'est pas tout le monde qui désire consacrer ses fins d'après-midi aux associations libres sur le thème « ma mère préférait mon petit frère » ou « mon père était manquant, donc je suis manqué ». Bien que ce pèlerinage puisse être captivant, admettons que la plupart d'entre nous n'ont ni l'intérêt, ni le temps, ni l'argent pour s'y destiner. Et, soit dit en passant, cela ne signifie pas que nous « fuyons » notre réalité.

Cependant, la question que l'on pose avec insistance est :

Comment puis-je être mieux à partir de maintenant?

Cette première partie du livre explique que nous nous méprenons parfois au sujet de la manière de dépasser nos problèmes. Cela n'est pas indispensable de savoir *pourquoi* nous nous comportons de telle manière ni de connaître les fonds de tiroirs de notre passé. Cela peut intéresser les passionnés du comportement humain qui concevront des théories fascinantes à ce sujet, mais cela ne nous aidera pas à être pleinement heureux dans notre réalité immédiate. Par contre, nous pouvons apprendre l'abc d'une vie plus heureuse en faisant quelque chose de concret pour changer nos perspectives et notre manière de vivre.

PIÈGE 1

Ruminer ses problèmes à s'en rendre malade

Avez-vous été bouleversé par le drame du 11 septembre 2001 à New York ? Avez-vous été englouti sous le poids des remords en découvrant les atrocités du génocide au Rwanda ? Les Juifs torturés lors de la Deuxième Guerre mondiale continuent-ils de hanter votre mémoire ? Le désespoir captive l'esprit humain. Il faut qu'il en soit ainsi, si on désire éviter que ces laideurs se répercutent éternellement. Mais, derrière le malheur des uns et des autres, le bonheur passe parfois inaperçu.

On accorde une importance démesurée au désespoir. Si un grand drame attire notre sympathie, et avec raison, nous nous tourmentons aussi, bien souvent pour un « petit désespoir banal, quotidien, tout ce qu'il y a de plus passager », selon l'expression de l'auteur québécois Hélène Vachon. Cette tendance est plus ou moins présente en chacun de nous, mais elle mine plus particulièrement l'existence de certains individus, qui trouvent dans chaque circonstance une raison d'être malheureux. Leur histoire navrante s'abat sur eux comme une averse de mauvaises fortunes. Le destin ne les a pas choyés, croient-ils, et ils ne s'en sortent pas aussi bien que les autres. Aussi étrange que cela puisse paraître, des gens font l'étalage de leur malchance et des incidents de parcours qu'ils ont subis de la même façon que d'autres montrent avec fierté leurs trophées sportifs ou leurs réussites professionnelles.

Ici, je ne parle pas des gens qui ont toutes les raisons du monde d'être éplorés, je parle de ces personnes qui portent le mal-être comme une pelure collée à leur peau : ne tentez pas de la leur enlever, car elles se débattront. Elles préfèrent un habit d'infortune à rien du tout. Le leur retirer, c'est leur arracher une partie d'elles-mêmes. Il ne faut pas leur en vouloir, car ces gens sont captifs d'une version très sombre du monde. Ils sont généralement dépressifs ou angoissés, mais qui ne le serait pas avec de telles idées noires ! Ce qu'ils ignorent toutefois, c'est que certains créent eux-mêmes, du moins en bonne partie, ces scénarios défaitistes. Ne vous est-il pas arrivé de rencontrer de tels *hypocondriaques sociaux* qui s'inventent de gros problèmes à partir de petites contrariétés ?

Pourquoi focalisent-ils tant sur les aspects négatifs de leur existence ? Les anthropologues expliquent que cette « tendance à la négativité » serait l'héritage de nos ancêtres, les hommes préhistoriques, qui auraient survécu à l'ère de la chasse grâce à leur aptitude à être alertes devant le danger et à s'en protéger. Au fil de l'évolution de l'homme, on aurait hérité, certains plus que d'autres, de cette propension à être alarmiste.

Toutefois, de nos jours, cet héritage n'est plus vraiment utile puisque les animaux sauvages ne courent plus dans les parages. Mais des gens hyperpessimistes l'ont bien conservé et ne peuvent passer une journée sans craindre le pire… et se l'attirer !

GUÉRIR, C'EST LONG, PENSE-T-ON

N'a-t-on pas l'habitude de penser que, lorsque le malheur cogne à la porte, on doit le traiter de manière généreuse ? Un malheur survient, on veut tout connaître de lui afin de le saisir complètement. Croyons-nous qu'ainsi il nous fichera la paix ? Au contraire, il est possible qu'il ait envie de rester encore longtemps ! De fait, nous nous occupons trop du malheur.

Nous croyons à tort que nous devons nous pencher sérieusement sur ce qui est « mauvais » en nous, sinon nous ne réussirons pas à nous en libérer. Plusieurs *a priori* persistent à ce sujet. Il *faut* parler de ses problèmes pour trouver des solutions. Il *faut* travailler sur ses faiblesses pour être une meilleure personne. Il *faut* être capable d'introspection et être conscient de soi-même pour agir avec sagesse. L'une de ces présuppositions est qu'il *faut* beaucoup de temps pour se rétablir.

L'important, ce n'est pas d'en savoir beaucoup sur nos problèmes, mais de savoir comment les résoudre.

Plusieurs croient que, pour qu'une amélioration de notre état soit durable, le processus doit être de longue haleine. La diminution ou la disparition trop rapide des symptômes est superficielle et louche. Guérir prendra « le temps qu'il faut », ce qui suppose que cela prendra beaucoup de temps. Cette idée préconçue oriente bien des démarches de mieux-être, dont certaines s'éternisent. Surtout, elles n'apportent pas ce que l'on cherche : le bien-être simple et accessible.

Croyez-vous effectivement qu'il faut aller au « fond des choses » pour y voir clair ? Pensez-vous que, plus vous en savez sur vos problèmes, plus vous serez heureux ? En fait, il s'avère parfois utile de comprendre ses travers pour les corriger. Cependant, le danger d'en savoir trop sur ses difficultés est de devenir perplexe en ne sachant plus quelle direction prendre pour les régler. La quête du « savoir à tout prix ce qui ne va pas, pourquoi et comment » atteint sa limite. Cette expérience peut se transformer en un excès d'information aussi navrante que superflue.

TROP PENSER REND MALHEUREUX

Comme le dit la chanson, c'est une question d'équilibre ! Penser à ses tourments peut être utile : on peut mieux les comprendre et ce regard nouveau, à son tour, peut nous inciter à changer des choses. Mais lorsqu'on a trop de temps pour spéculer, souvent, on tourne en rond.

Ne pensez pas «trop», car c'est rarement une bonne chose !

Une recherche présentée dans la revue *Science* montre que les gens sont moins heureux lorsque leur esprit est occupé à réfléchir. Cette découverte vous surprend-elle ? Si certaines pensées sont productives ou plaisantes, généralement, penser n'apporte pas autant de contentement que le fait d'être absorbé par l'instant présent. D'après des chercheurs de l'Université Harvard, Matthew Killingsworth et Daniel Gilbert, la fréquence à laquelle notre esprit quitte le présent et l'endroit où il s'échappe peuvent prédire si nous serons heureux ou pas. Un esprit humain est un esprit *préoccupé*, et un esprit préoccupé est un esprit *malheureux*, affirment-ils.

À moins que notre esprit soit absorbé par le présent… mais à ce sujet, au XVIIe siècle, Blaise Pascal affirmait que…

nous ne pensons presque jamais au présent.

Ces mots du philosophe français expriment que le présent n'existe pratiquement pas pour nous, qui sommes souvent en train d'évoquer le passé afin d'élaborer des plans pour l'avenir.

Les gens passent tout près de la moitié de leur temps à songer à *autre chose* que ce qui se passe au moment présent, surtout lorsqu'ils marchent. Ils ressassent des souvenirs, ils appréhendent le futur et ils se créent des intrigues qui adviennent rarement. Cette aptitude cognitive a un coût et l'humain semble le payer plus cher que les autres animaux.

Suivant la même logique, nous croyons que le fait de *ventiler* sur ce qui nous tracasse nous soulagera. Si nous partageons nos souffrances avec autrui, elles nous paraîtront moins lourdes et nous y verrons plus clair. Croyez-vous cela ?

Encore une fois, il est question de dosage. Le fait de raconter nos problèmes peut nous délivrer d'un poids. Cela peut nous éclairer et nous dégager de nos tracas. Mais, à la longue, si nous ressassons les mêmes craintes, les mêmes reproches, nous rejouons nos vieilles rengaines, et il se peut que nous n'y voyions que du noir et même que notre pensée devienne embrouillée. En plus d'importuner notre entourage, la situation peut nous paraître de plus en plus insaisissable.

L'écrivain canadien Pierre Filion écrivait à juste titre : « Parler, parler, pour ne rien dire. » En effet, « trop » parler ne mène nulle part. Un conseil : réfléchissez ou parlez *suffisamment* pour y voir plus clair, mais sans plus ! L'expression *just enough* introduite par le pédiatre britannique Donald Winnicott rappelle que le mieux n'est pas de penser *trop*, mais de penser « juste assez ». Ce n'est pas de parler *trop*, mais d'en dire « juste assez ».

NE PENSEZ PAS *TROP*, NE PARLEZ PAS *TROP*, MAIS AGISSEZ !

On a beau vouloir comprendre « ce qui ne va pas » et en parler intarissablement, parfois rien ne change et on a l'impression de se rendre nulle part. De longs moments de réflexion peuvent nous donner l'impression d'être sur la voie d'un changement probable, mais c'est une erreur. Plus on accorde d'importance au problème, en y pensant sans cesse et en l'évoquant à tout bout de champ, plus il s'impose. Bientôt, il devient une montagne insurmontable.

Alors, comment pouvons-nous libérer notre esprit ? Comment atteindre le *nirvana* lorsque des pensées négatives assiègent notre cerveau ? Comment réussir à mettre un frein au flot envahissant de paroles qui ne cherchent qu'à s'extérioriser ?

Les philosophies orientales enseignent que le pur bien-être se trouve dans le silence. Elles suggèrent de se taire et de vivre dans l'ici et maintenant. Alors, on fait le vide en se concentrant sur ses sens. Aussi, on peut obtenir un effet de bien-être durable grâce à une pratique contemplative. Êtes-vous adepte de la méditation ? Dans ce cas, j'admire la persévérance dont vous faites preuve en vous imposant une telle discipline quotidienne. Cela n'est pas donné à tous !

Voici un moyen plus accessible pour éviter de tergiverser : *Mettez-vous en mouvement !* Quoi de plus bénéfique que d'essayer tout simplement quelque chose ! Bien sûr, toute action doit être réfléchie et aucune « poule sans tête » ne trouve son chemin. Mais, mieux vaut ne pas faire du « sur-place » indéfiniment avant de passer à l'action.

À force d'attendre, parfois il est trop tard. Cependant, il faut admettre que ce n'est pas toujours facile de passer à l'action. Il faut commencer par prendre une décision, s'en tenir à celle-ci, puis *agir*. Un, deux, trois et… hop ! Non, ce n'est vraiment pas si simple ! D'abord, quelle décision ? Allez ! Ne savez-vous pas ce que vous voulez ?

L'ATTENTE DE CLOÉ

Cloé a trente-sept ans. Elle désire avoir un enfant plus que tout avant que l'horloge biologique ne sonne. Elle rencontre Don Juan et tombe éperdument amoureuse. Celui-ci lui fait la promesse de lui donner cet enfant... après avoir démarré sa nouvelle entreprise. Deux années passent, les affaires roulent, mais Don Juan voit plus grand. Il veut mettre sur pied des succursales régionales, qui exigeront des déplacements fréquents. Il se donne à fond à sa compagnie, qui prend vite de l'expansion. Il demande à Cloé de patienter encore quelques mois... qui se transforment en années. Pendant ce temps, elle se morfond.

Cloé affirme qu'elle ne sait plus quoi faire. En vérité, elle *sait* très bien quoi faire, mais il est pénible de se l'avouer, car pour obtenir ce qu'elle désire, elle doit prendre une décision déchirante. Elle hésite longtemps, bloquée par sa peur de quitter l'homme qu'elle aime et angoissée à l'idée de ne jamais réaliser son rêve. Puis, elle décide de suivre Don Juan dans un nouveau défi professionnel qui emballe ce dernier. Ils reportent la grossesse à plus tard, une fois de plus.

Un jour, une querelle éclate et Don Juan avoue qu'il n'a plus l'intention d'être père. Après avoir versé toutes les larmes de son corps et vécu le deuil profond de ne pas avoir d'enfant avec son prince, Cloé le quitte définitivement.

À l'instar de Cloé, nous *savons* instinctivement ce que nous devons faire pour atteindre nos objectifs. Nous avons tourné et retourné tous les morceaux du casse-tête, puis nous nous sommes dit : « Je devrais mettre un terme à cette relation qui me fait souffrir », « Je devrais changer de travail », « Je devrais apprendre à dire "non". » Toutefois, nous sommes paralysés par nos peurs et nos désirs contradictoires. Ne vous est-il pas arrivé de désirer être libre, mais de tenir trop à votre sécurité ? De vouloir vous affirmer, mais d'avoir peur d'être rejeté ? De rêver à un projet, mais de vous dégonfler à la dernière minute ? Le temps passe, on ne fait rien et, conséquemment, rien ne change.

Vous savez ce qui est arrivé à Cloé ? À regret, elle n'a pas encore eu d'enfant. Et elle se dit aujourd'hui : « Comme je suis idiote d'avoir attendu si longtemps ! » D'autres n'ont pas osé quitter un conjoint violent, sont restés fidèles à un travail qui n'était pas à la hauteur de leur talent, n'ont pas voyagé ni poursuivi leurs études, ou n'ont pas écrit le livre qu'ils avaient en tête, et ils s'en mordent les doigts. Comme eux, on peut perdre beaucoup de temps et finir par se dire : « J'aurais donc dû… ! »

C'est inquiétant de faire des choix décisifs et rien ne sert d'enfouir ses préoccupations sous un optimisme aveugle. Ainsi, je ne dis pas de passer à l'acte impulsivement. Avant d'entreprendre une action, il vaut mieux y avoir pensé comme il faut. Mais tôt ou tard, on doit faire confiance à son cœur pour savoir quoi faire de sa vie.

Comme le dit le proverbe, le cœur a ses raisons que la raison ignore.

Devant une décision importante à prendre, demandez-vous : « Qu'est-ce qui est le plus important à mes yeux ? » Et si la réponse n'apparaît pas instantanément, posez-vous la question de toutes les questions : « Aux derniers jours de ma vie, qu'est-ce que je jugerai essentiel d'avoir vécu ? »

Une réponse devrait apparaître au-dessus du lot. Après avoir cogité un certain moment, mais pas éternellement, vous saurez ce que vous désirez. Sinon, vous le découvrirez incessamment, car votre for intérieur vous dictera la voie à suivre.

Qu'est-ce que votre cœur vous dit de faire?

Si vous éprouvez de la confusion, connectez-vous à vos aspirations profondes et une réponse apparaîtra spontanément. Suivez-la.

GEORGES, L'INFIDÈLE

Georges et Claire me consultent, en pleine crise de couple. En plus d'un travail exigeant, Georges consacre un grand nombre d'heures à titre de responsable d'un organisme de lutte contre la pauvreté. Il s'absente régulièrement de la maison, laissant Claire s'occuper seule de leurs trois jeunes enfants. La situation s'envenime lorsque Claire est mise au courant d'une aventure de son conjoint. Il est allé trop loin, et il s'en doute.

Georges s'engage à diminuer progressivement le nombre d'heures consacrées à l'organisme de charité, mais il prétend qu'il faut former une relève, redistribuer les tâches, achever certains mandats. Chaque nouvelle semaine qui s'ajoute au calendrier de nos thérapies, Georges promet d'être plus souvent à la maison et de cesser de fréquenter certaines « amies ». De belles promesses qui fondent comme neige au soleil. Claire est exaspérée et annonce qu'elle a sérieusement l'intention de mettre un terme à leur relation.

Devant l'ultimatum, Georges s'interroge : « Est-ce que je préfère perdre Claire ou laisser cet organisme se débrouiller sans moi ? » La réponse se révèle sans tarder comme une évidence : « Je démissionne. Je tiens à Claire bien plus qu'à toute autre chose. »

Pour survivre à une crise de couple et rebâtir leur confiance dans l'avenir, des conjoints doivent parfois prendre des décisions déchirantes. Georges doit laisser tomber des gens qui ont besoin de son soutien pour sortir de la pauvreté, mais il choisit de donner une seconde chance à son couple. Toutefois, ce n'est pas parce qu'une décision est prise et qu'un geste est accompli que les épreuves disparaissent. S'ils veulent retrouver l'harmonie entre eux, Georges et Claire doivent se concentrer sur les défis du quotidien, freiner le flot de pensées et de paroles inutilement blessantes, soigner la honte d'avoir été trompée ou dompter la violence des pensées culpabilisantes.

En conclusion, chacun peut tomber dans le piège qui consiste à ruminer ses problèmes jusqu'à s'en rendre malade. Les pensées et les paroles peuvent rendre les choses compliquées, mais on peut apprendre à les doser. Chercher à comprendre pourquoi on se comporte comme on le fait ne nous permet pas automatiquement de *changer.* Il n'y a rien de mieux qu'essayer quelque chose. On a beau en parler pendant des semaines, des mois ou des années, au bout d'une tergiversation qui n'en finit plus, il faut plonger ! Sinon, on finira par se dire qu'il y a longtemps que l'*on aurait dû… agir !* On aurait dû mettre un terme à cette relation, changer de travail, voyager, étudier ou vivre ses rêves !

Suivez le strict bon sens et reconnaissez que vous *savez* ce que vous désirez, parfois plus que vous ne le pensez. Écoutez les signes qui disent que votre action est constructive. Quand une personne fait un choix authentique, c'est-à-dire un choix qui vient du cœur, son visage affiche un sourire naturel et immédiat. Aucun sourire n'apparaît lorsqu'elle cherche à faire du mal et à blesser volontairement.

Souvent, un seul geste significatif suffit pour entraîner un changement radical. Georges a fini par démissionner. Cela lui a permis de consacrer plus de temps à Claire et à leurs enfants. Plus les mois passent, moins la séparation est envisagée.

Dans des circonstances éprouvantes, mieux vaut se concentrer sur l'essentiel. Chérir l'amour – ce qui en reste pour des couples en crise –, renouer avec la joie d'être vivant et retrouver la sérénité à laquelle chacun aspire si chèrement. Pour cela, parfois, il faut trancher entre l'esprit et le cœur. S'abandonner à la voix intérieure, tout en gardant les deux pieds sur terre.

Toutefois, souvent, la peur nous domine. On a peur d'avoir peur. Vous le verrez au prochain chapitre, cette peur s'est construite au fil de nos expériences passées. Elle est l'héritage d'une conception dont nous pouvons toutefois nous départir. Apprenez à apprivoiser vos peurs, à les regarder en face, et décidez d'y renoncer. Ces peurs sont strictement immatérielles, elles n'existent que dans votre esprit. La peur est un brouillard qui se dissipe lorsque vous avancez droit devant. Son pouvoir disparaît lorsque votre cerveau est absorbé par l'accomplissement.

À vous de jouer

De retour à l'instant présent

Vous pouvez penser beaucoup à vos problèmes et laisser le négatif encombrer votre cerveau de scénarios plus horribles les uns que les autres. Mais vous pouvez aussi arrêter ce film. Comment ? Stoppez vos pensées perturbantes en occupant votre esprit à autre chose. Le cerveau est un organe qui a du mal à être pleinement à deux places à la fois ; quand vous portez attention à l'instant présent, à ce que vous êtes en train de faire et de vivre, vous le libérez des pensées envahissantes.

Voici un exercice simple. Prenez un fruit dans vos mains. Rapprochez-le de votre visage et regardez-le de très près pour en apprécier la forme, le relief, les couleurs, la texture. Maintenant, fermez vos yeux et humez-le. Respirez doucement son parfum. Frottez-le délicatement contre votre joue, sur vos lèvres, sur votre langue. Ressentez sa fraîcheur. Taquinez votre bouche quelques instants, puis prenez une bouchée. Tardez le plus possible à manger ce fruit. Laissez-le dans votre bouche, délectez-vous lentement de sa saveur.

Gardez vos yeux fermés et profitez du moment pour explorer vos autres sens. Votre ouïe : écoutez les bruits, les sons ou les mélodies qui atteignent vos oreilles. Passez en revue les parties de votre corps et éprouvez les sensations que vous percevez. Bougez vos membres avec lenteur et conscience. Ouvrez les yeux lentement et examinez les couleurs et les formes des objets qui se trouvent dans votre champ de vision.

Pendant que vous êtes pleinement présent à l'instant, votre cerveau ne s'alourdit pas de pensées futiles.

PIÈGE 2

Fouiller dans les fonds de tiroirs de son passé

Le médecin viennois Sigmund Freud (1856-1939) prétendait que le passé est la clé pour comprendre les problèmes du présent. Selon lui, il faut fouiller les moindres fonds de tiroirs d'une personne pour découvrir pourquoi elle est malheureuse. Cette idée – révolutionnaire à l'époque – a donné naissance à l'« analyse ». Ces longues années consacrées à l'examen des profondeurs de l'inconscient et de ses sources dans l'enfance n'ont néanmoins pas apporté que du bon. Dans son livre *La guérison par l'esprit,* Stefan Zweig admet que Freud a donné à l'humanité une notion plus claire d'elle-même, mais pas plus heureuse. Il a approfondi la conception du monde de toute une génération, mais il ne l'a certainement pas embellie.

À sa défense, il faut rappeler que Freud soignait des patients souffrant de graves troubles mentaux. C'est particulièrement dans l'hystérie, cette maladie la plus spectaculaire de son temps, qu'il a défriché le terrain fertile de l'analyse. Il a découvert chez des femmes délirantes internées dans des hospices que la sexualité infantile était à la source de bien des maux chez l'humain. Pour soigner ces femmes, il fallait déterrer les expériences traumatisantes de leur passé, car elles renfermaient la clé pour soigner leurs affections.

Bien des dysfonctions chez les gens peuvent effectivement trouver une explication dans le récit de leur enfance. Des troubles peuvent quelquefois être éclairés par la découverte de sévices en bas âge ; les femmes hystériques de Freud avaient possiblement été victimes d'abus dans leur enfance pour s'en porter si mal. Sans jurer qu'il en soit résolument ainsi, le point sur lequel j'insiste est que la réalité d'individus exceptionnellement troublés a inspiré les conceptions de Freud qui, bien qu'appropriées pour les grands malades, ne sont pas forcément pertinentes et commodes pour les gens *ordinaires* aux prises avec des difficultés *ordinaires*.

Si, au siècle dernier, la clientèle du brillant neurologue était composée de personnes dans un état de profonde détresse ayant des maux organiques hors du commun, de nos jours, la majorité des gens qui consultent sont comme vous et moi. Ils réussissent à fonctionner dans plusieurs sphères de leur vie. Ils ne s'en sortent habituellement pas si mal, malgré leurs difficultés, et désirent profiter pleinement de leur existence.

ÊTRE MIEUX, UN POINT C'EST TOUT !

L'un des opposants de l'approche freudienne, Milton Erickson (1901-1980), prétendait que les gens qui vivent des difficultés ne veulent pas nécessairement s'expliquer leur vie passée, qui est de toute façon inchangeable.

> Avant toute chose, les gens désirent aller mieux.

Le fait de « savoir » ce qui pose problème a peu de chance d'améliorer le présent de ces gens, déclarait-il. Se limiter à l'exploration des causes d'un problème peut même les empêcher de réellement changer, comme on l'a vu au chapitre précédent. Jay Haley, l'un de ses collègues et amis, rapporte les propos de ce grand homme de la psychiatrie américaine dans sa biographie intitulée *Un thérapeute hors du commun.* « Cela ne sert à rien de savoir pourquoi quelqu'un agit comme il le fait. Voyez les gens heureux et bien insérés dans leur environnement : ils ne se sont jamais souciés d'analyser leur enfance ou leurs relations parentales. » (p. 295) Ils ne l'ont pas fait, et ils s'en portent mieux !

L'expérience de vie de Milton Erickson lui enseigna comment vaincre ses propres difficultés. Dès son tout jeune âge, il fut atteint de troubles sensoriels et perceptifs ; il était daltonien. À 17 ans, il contracta une forme grave de poliomyélite dyslexique, causant, entre autres, une limitation importante de ses mouvements. De sa propre infortune, il lui apparut évident qu'il pouvait adopter une attitude constructive devant tout problème, qu'il soit physique ou psychologique.

Lorsqu'il devint psychiatre, il utilisa ce que l'on peut considérer comme un don de la « manipulation positive » avec ses patients pour les aider à se rétablir. Et il réussissait là où d'autres spécialistes avaient failli en prenant des chemins tout à fait différents, voire parfois bizarres, pour y arriver. Il se montrait totalement ouvert à des situations éthiquement discutables, mais pour le bien de la personne souffrante, et cela marchait.

Lorsque des clients le consultaient, il ne leur posait pas de questions à propos de leur passé. Il ne les aidait pas non plus à comprendre pourquoi ils avaient des problèmes. Il recommandait aux patients de faire des choses auxquelles ils ne s'attendaient pas de la part d'un psychiatre, mais qui reposaient sur le sens commun. Par exemple, plutôt que d'aider une patiente à comprendre pourquoi elle était atteinte d'un excédent de poids, Milton Erickson lui suggérait de grimper une montagne. À un travailleur manuel qui se considérait comme un pauvre imbécile, il lui proposait de faire des études collégiales.

Des transformations se réalisaient sans que le médecin et ses patients parlent le moins du monde de ce qui pouvait se dissimuler « derrière » leurs problèmes. Ils retrouvaient la santé sans plonger dans leur enfance et sans tenter d'interpréter les motifs de leurs troubles.

Milton Erickson demeure un personnage marginal de la psychologie. Pour un nombre d'humains malheureux, l'analyse des profondeurs de l'âme semble un détour incontournable afin de retrouver la paix intérieure. Il est vrai que certains se sont engagés dans cette voie et y ont trouvé la source de leurs maux. Ils ont été soulagés d'un poids qu'ils portaient sur leurs épaules. Plus légers, ils ont repris leur chemin vers le mieux-être. D'autres sont néanmoins restés amers et n'ont pas réussi à surmonter les affres laissées par les souvenirs douloureux.

On peut revenir en arrière et en tirer une leçon qui permet de progresser. Mais on confond la fin avec les moyens lorsqu'on pense qu'il est obligatoire d'explorer le passé pour guérir : d'une part, on oublie que la finalité n'est pas de « comprendre son passé », mais d'être « mieux » ; d'autre part, la compréhension de son passé n'est pas une garantie de guérison.

Vous n'êtes pas obligé de faire un long détour dans votre passé.

Somme toute, comprendre le *passé* et trouver les moyens pour résoudre les difficultés du *présent* sont deux voies distinctes, qui se rencontrent parfois, mais pas nécessairement. Et la science n'a jamais donné la preuve que la première était un *préalable* à la seconde.

DES GENS S'ACCROCHENT AU PASSÉ

Plusieurs thérapeutes pensent qu'ils doivent évoquer l'histoire de leurs clients pour en arriver à un diagnostic complet. Et certains individus qui consultent se sentent de « mauvais clients » s'ils tentent d'y échapper. Le hic, c'est qu'ils restent parfois vainement accrochés à ce passé.

Ainsi, après des années de psychanalyse, des personnes retrouvent l'origine de leurs troubles. Elles reconnaissent que la manière dont elles agissent aujourd'hui est la reproduction de leur histoire d'antan. Alors quoi ? Plusieurs d'entre elles n'arrivent toujours pas à s'épanouir pleinement. Au contraire, inlassablement, elles mettent en place les mêmes schémas ou façons de faire qui, à leur tour, renforcent leur impression d'être inadéquates.

ÉDOUARDO, LE MOUTON NOIR

Édouardo était le cadet d'une famille de plusieurs enfants. Il a toujours eu le sentiment d'être le rejeton laissé pour compte. Afin d'attirer l'attention et de faire sa place à la maison, il s'affairait à remporter le concours des plus bêtes âneries : il brûlait la queue du chat, étendait ses excréments sur les murs ou dessinait de jolis bonshommes sur les travaux scolaires de ses sœurs. Ses bêtises attiraient les réprimandes de ses parents, qui confirmaient son sentiment d'être rejeté.

À cinquante-sept ans, Édouardo ressent une grande aigreur lorsqu'il repense à son enfance et néglige délibérément ses parents. Il réagit avec agressivité ou indifférence lorsque ces derniers font une tentative de rapprochement. Ses parents ont de plus en plus tendance à l'éviter, ce qui accentue son impression d'être mis de côté. Cette relation d'évitement-rejet se rejoue dans ses relations avec les autres, les femmes surtout. Malgré son désir de fonder une famille, il n'a pas encore réussi à entretenir une relation amoureuse stable. Conscient de l'origine de ses blessures, il confie ne pas savoir comment agir autrement.

S'il n'a pas « réglé » son passé, Édouardo doute qu'il puisse rétablir une bonne entente avec ses parents et se trouver une copine. Sans un travail en profondeur, toute forme de mieux-être ne serait que temporaire, présume-t-il. Un genre de diachylon sur une plaie. Comme on le dit dans le jargon psychologique, ce serait « une fuite dans la santé ». Un jour ou l'autre, le problème refera surface, pense-t-il. L'analyse sera alors inévitable. Derrière ces arguments commodes, Édouardo oublie une vérité :

Le passé n'est plus, seul le présent existe.

Certains se servent du passé en affirmant que, pour cette raison, ils ne peuvent devenir des humains « normaux ». Ils trouvent dans leurs expériences antérieures une raison de vivre maladroitement leur présent. Ils s'en servent comme d'une *excuse* qui les empêche d'évoluer.

La majorité des gens possèdent les clés pour améliorer leur sort. Ils ont généralement tout le potentiel pour être heureux. Certains ont du talent, de la personnalité et paraissent même épanouis. Ces apparences ne laissent pas toujours présager la perception qu'ils ont d'eux-mêmes.

MAURICE ET LES FOURMIS

Un spécialiste des mathématiques nommé Maurice avait réalisé de longues études universitaires et était reconnu comme un excellent chercheur. Tous ses collègues s'entendaient pour dire qu'il était un homme doux, sociable et attachant. Malgré cela, Maurice avait de la difficulté à se percevoir comme une personne simplement « correcte ». Il racontait que, lorsqu'il était jeune, il habitait dans une petite maison négligée d'un quartier pauvre. Ses parents étaient des gens peu instruits, mais fiers. Sa mère, qui avait le caractère d'une lionne en cage, exerçait un contrôle indu dans son foyer. Elle interdisait à Maurice de recevoir des amis à la maison. Cloisonné dans son univers, il jouait derrière chez lui avec... les fourmis.

Devenu adulte, Maurice revenait invariablement sur cette histoire de fourmis pour se convaincre qu'il était le plus pitoyable des souffre-douleur. Tandis que ses collègues et ses étudiants le voyaient comme un homme accompli, lui persistait à croire qu'il n'avait pas développé d'aptitudes relationnelles parce que, jadis, sa mère l'avait obligé à occuper son temps avec des insectes.

Cet exemple montre que des personnes exemplaires peuvent éprouver de grandes difficultés à s'assumer, à se reconnaître telles qu'elles sont réellement parce qu'elles sont enchaînées aux souvenirs d'un passé troublant. Que ces souvenirs soient réels ou fabriqués, cela n'a pas vraiment d'importance.

LA BOUÉE DEVENUE UNE AMARRE

Il y a effectivement un aspect déterminant dans le passé, puisque son rappel reprogramme l'expérience actuelle. Édouardo prétend qu'il est le mouton noir de sa famille, qu'il le restera toute sa vie, tout comme il ne réussira jamais, selon lui, à s'engager intimement avec d'autres femmes parce que ses parents l'ont rejeté. Maurice allègue qu'il est un ami médiocre parce que sa propre mère « contrôlante » l'a gardé « juste » pour elle. Le plus triste, c'est que les gens comme Maurice finissent par y croire dur comme fer !

Les parents sont des proies faciles aux accusations car, comme tout adulte, ils ont assurément commis quelques erreurs. Aux parents revient le tort de ne pas avoir su aimer convenablement leur enfant ; conséquemment, ce n'est pas la faute de l'enfant. Cette façon de concevoir son histoire est non seulement utile, mais salutaire pour certaines personnes qui ont subi de mauvais traitements. Elles retrouvent ainsi leur intégrité : leurs parents ont eu le tort de ne pas les aimer alors qu'elles étaient *aimables*.

Le passé sert de bouée qui sauve les gens d'une noyade dans l'insensé, mais elle peut les immobiliser à un point fixe.

La compréhension des origines de leurs maux aide bien des gens à accepter leurs difficultés actuelles. Le problème, c'est qu'au fil des ans, cette *bouée* peut se transformer en une *amarre* qui les empêche de quitter la berge et de se rendre quelque part.

Léna, le chien savant

Léna est une femme très belle et intelligente. Elle est une excellente employée, une compagne adorable et une amie fiable. Pour plaire, elle se donne entièrement. Elle se surpasse pour satisfaire à des exigences élevées, là où d'autres s'effondrent. Mais, à la longue, elle s'épuise.

En consultation, elle me confie que, dans les derniers mois, elle a pris conscience que son sentiment persistant d'exceller venait de son enfance. Lorsqu'elle était jeune, elle est devenue la mère de sa propre mère dépressive, qui n'avait pas plus d'attention à lui offrir que son père eût d'indulgence à son égard. Elle se remémore un événement marquant. Comme elle était une pianiste douée, elle servait de faire-valoir à son père, qui voulait impressionner ses invités. Il la réveillait la nuit, lui demandait de se mettre au piano et de jouer les mélodies qu'elle avait apprises.

Pour être aimée de son père, elle a su faire le « chien savant » devant les convives, parfois dans les conditions les plus absurdes. Aujourd'hui, le fantôme du passé continue de la hanter. Dans son esprit, elle vit avec la peur de ne pas être considérée, ce qui arrivera assurément si elle ne se surpasse pas avec tout le monde, croit-elle. Alors, elle le fait royalement bien !

Léna comprend l'origine de son épuisement. Elle rejoue le scénario d'avant. Elle fait encore le « chien savant » pour satisfaire aux exigences des uns et des autres. De sa perspective, elle subit le même traitement. Seuls les personnages ont changé. Elle perçoit son patron comme un homme intraitable ; il la congédiera si elle ne fait pas d'heures supplémentaires. Son conjoint est pointilleux ; il la quittera sur-le-champ si la maison n'est pas impeccable.

Comme Léna, on cherche dans nos premières années de vie des explications à nos difficultés présentes. Et on les découvre. Or, il n'est pas nécessaire de chercher si loin.

Ce que nous cherchons dans notre passé, nous le trouvons aussi bien dans notre présent.

Une personne qui cherche un motif à son sentiment de médiocrité le trouvera dans la négligence subie dans son enfance, mais tout autant dans l'attitude hautaine de son patron et dans le comportement distant de son conjoint. Dans les circonstances qu'elle croit subir aujourd'hui, il y a tout ce qu'il lui faut pour justifier sa lamentable image d'elle-même. Lorsqu'il y a lieu de trouver le « pourquoi » de notre détresse, le passé n'est pas absolument nécessaire ; le présent peut tout aussi bien faire l'affaire !

IL Y A LA PRISON, MAIS IL Y A AUSSI LE PRISONNIER

Le passé détermine le présent, mais comment expliquer que certains rejouent la même intrigue de l'enfance à la vieillesse et que d'autres en créent de nouvelles ? Comment comprendre que des gens ayant des antécédents difficiles s'en sortent mieux que d'autres au passé semblable ? Comment élucider le fait que les enfants d'une famille ont un souvenir différent de leurs parents ? Certains se souviennent d'un père exigeant, d'autres, qu'il fut généreux et bon. Comment expliquer que certains se voient prisonniers de leur passé et que d'autres s'en libèrent ?

Le neurologue, psychiatre et éthologue français Boris Cyrulnik a montré comment des personnes réussissaient à dépasser les atrocités de leur histoire et devenaient des personnes résilientes. Ses écrits sur le sujet sont devenus des best-sellers. Pour sa part, le psychologue américain Martin Seligman précise que, lorsqu'ils sont soumis à des conditions défavorables, certains individus tombent dans un état d'apathie, alors que d'autres, qui subissent les mêmes traitements, continuent de s'épanouir. Cette conclusion a d'abord été tirée d'expériences sordides réalisées sur des rats qui étaient soumis à des décharges électriques aléatoires. Certaines bêtes cessaient de bouger et de se nourrir, et finissaient par se laisser mourir, tandis que d'autres continuaient à lutter pour leur survie.

Devant des événements difficiles, on peut décider de croître ou de se laisser dépérir.

Donc, ce qui est survenu bien avant l'âge adulte n'est pas toujours aussi déterminant que l'image que l'on s'en construit et, surtout, que la manière unique dont on y réagit. Si les uns font face à la musique et se servent des tragédies pour donner un nouveau sens à leur vie, d'autres s'éteignent comme les rats de laboratoire de monsieur Seligman.

Je ne veux certainement pas nier l'existence d'histoires sordides, mais il faut reconnaître que le passé ne peut être le *seul* responsable de notre vie actuelle. Si le passé est une prison, il y a aussi le prisonnier. Maurice, Édouardo et Léna sont prisonniers de leurs histoires antérieures. Qu'est-ce qu'ils possèdent de particulier qui fait d'eux de telles victimes ? Voici quelques réflexions à ce sujet.

Selon les recherches, le tempérament de l'individu jouerait un grand rôle sur ce plan. On s'entend pour dire que le tempérament d'une personne est présent dès la naissance. Certains bébés voient le jour plus ou moins anxieux ou calmes, plus ou moins dépressifs ou enjoués. Des frères et des sœurs peuvent naître dans un même environnement familial et y réagir différemment parce qu'ils ont un caractère différent.

Ensuite, il est certainement possible d'affirmer que les gens qui répondent avec une grande affliction aux circonstances sont généralement d'une grande émotivité. Ils sont facilement blessés – on dit qu'ils sont écorchés vifs – par des souvenirs dont le rappel est très émotif. Ils sont *hypersensibles,* et cette sensibilité contribue malheureusement à leur souffrance.

Connaissez-vous des gens hypersensibles ?

à corriger

Ils ont une émotivité à fleur de peau. Ils perçoivent des choses atroces là où d'autres ne percevront rien qui vaut la peine de s'en faire autant. Ils se remémorent des événements épouvantables que, bien souvent, les personnes concernées, elles, ont oubliés.

CONSTANTIN, L'ENFANT ABANDONNÉ

Après la naissance de Constantin, sa mère est retournée au travail avec regret. Légèrement inquiète, elle s'est tout de même résolue à confier l'enfant à une gardienne. Dans ce temps, l'allaitement naturel n'était pas en vogue. Une mère était ainsi libre de ses activités dans la mesure où elle pouvait céder la garde de son nourrisson à une personne de confiance. La plupart des gens ignoraient les théories au sujet de la vie intra-utérine et ils ne considéraient pas les premiers mois de la naissance d'un enfant comme plus importants que ceux qui suivraient.

Trente-cinq ans plus tard, Constantin discute avec sa mère au sujet de la tension psychologique qu'il éprouve. Il explique qu'il a toujours eu le sentiment de devoir lui prouver qu'il était quelqu'un de bien. Il a toujours cru qu'il ne méritait pas l'amour de sa mère. Lorsqu'il a été *abandonné* à sa naissance, raconte-t-il, il a saisi qu'il ne valait pas grand-chose. Être aimé par sa mère est devenu son principal souci, car il a toujours eu le sentiment qu'il risquait d'être abandonné à nouveau.

Sa mère est étonnée. Elle écoute ses propos sans rien y comprendre. « Je ne t'ai jamais abandonné, mon fils », dit-elle. Constantin insiste : « Après l'accouchement, tu as préféré ton travail à moi. Cela m'a fait un choc terrible ! »

Constantin a gobé l'idée qu'il ne méritait pas que sa mère veille sur lui, tandis que cette dernière concevait à peine les conséquences que cela représentait pour son enfant, qu'elle adorait.

Constantin est une personne particulièrement sensible et le souvenir de ses premiers mois l'a beaucoup affecté. Attendez un instant ! Pensez-vous qu'il se rappelle véritablement ses premiers mois ? Pas nécessairement, mais des gens comme lui peuvent créer un récit d'abandon grâce à une imagination fertile et finir par confondre la fiction et la réalité. Certains peuvent être vraiment créatifs, mais ce pernicieux talent finit par les dominer au point de les amener à perdre contact avec la réalité. Ils ont besoin d'un regard extérieur pour ramener leurs deux pieds sur terre.

EST-ON PRISONNIER POUR LA VIE ?

Maurice, Édouardo, Léna et Constantin considèrent leur passé comme *la* source de leur mal-être. Leur tempérament et leur grande émotivité les prédisposent à se voir comme des rescapés. Ils sont subjugués par l'interprétation de leur existence et assujettis aux souvenirs qu'ils sélectionnent et qu'ils transforment, le plus souvent inconsciemment. Ces souvenirs, à leur tour, confirment leur perception d'eux-mêmes. « Je suis "mauvais", car je crois que ma vie a toujours été "mauvaise". »

Mais qu'en est-il des gens qui ont réellement subi des expériences traumatisantes durant leur enfance ? Sont-ils « prisonniers à vie » de leur passé ? Il est vrai que les jeunes qui ont subi la maltraitance, la négligence et des abus de toutes sortes se sentent marqués au fer rouge. Ils ont besoin d'être couverts d'un amour réparateur pour s'en sortir. Et ils ont besoin de croire que le futur n'aura rien à voir avec leur passé. Et ils peuvent y croire ! Car leur manière personnelle de réagir aux circonstances pèse beaucoup plus lourd dans la balance du bonheur que les circonstances elles-mêmes !

Pourtant, chacun de nous pense sincèrement que les circonstances déterminent son bonheur. On se dit que l'on sera bien mieux quand le week-end arrivera ou pendant les vacances d'été. Chaque célibataire suppose qu'il sera enfin heureux lorsqu'il rencontrera l'âme sœur. Chaque locataire espère une belle maison. Si on n'y songe pas consciemment, on agit d'une manière qui laisse penser que l'on sera enfin contenté lorsqu'on dénichera le travail de ses rêves, que l'on prendra sa retraite ou lorsque les enfants seront assez grands pour que l'on puisse enfin divorcer ! Qu'en est-il pour vous : les circonstances jouent-elles un rôle trop important dans votre bonheur ? Quelle place leur accordez-vous ?

Évidemment, trouver l'amour de sa vie ou avoir une nouvelle maison apporte du bonheur. Un grand bonheur que l'on savoure le temps qu'il passe, car il est éphémère. Généralement, il dure quatre, cinq, six mois. Puis il s'estompe tranquillement. Au bout d'une année, l'événement qui vous a comblé ne vous apporte plus la même sensation grisante du début.

Pourquoi cette injuste vérité ? La raison est que les humains ont tendance à se maintenir dans un état de bien-être stable au cours de leur vie. Peu importe les circonstances, au bout d'un moment qui ne dure généralement pas plus d'un an, chacun retrouve approximativement son état habituel de bien-être. Cet état constitue un *set-point*, selon le professeur de psychologie de l'Université du Minnesota David Likken. Le *set-point* est un genre de « palier de bonheur » duquel une personne ne peut aller en deçà ni au-delà, sauf pour un laps de temps. Cela signifie que, si elle continue d'agir de la même façon qu'elle le faisait depuis toujours – si elle garde ses mêmes vieilles habitudes –, peu importe ce qui survient de bon ou de mauvais dans sa vie, elle reviendra invariablement à son niveau personnel de bonheur. La bonne nouvelle, c'est qu'il lui est possible de bouger son *set-point* en changeant quelque chose en elle, mais les circonstances en soi n'y feront rien.

Cette découverte repose notamment sur les études au sujet des gagnants à la loterie. Quand une personne gagne le gros lot, un an plus tard, elle retrouve le même bien-être que celui qu'elle éprouvait avant le concours. Que l'on ne s'afflige pas puisqu'il en est de même pour les mauvais hasards. Des recherches réalisées auprès de patients devenus paraplégiques à la suite d'un accident montrent que ceux-ci ne prennent pas plus de huit mois pour retrouver l'humeur qui les caractérisait avant l'accident. Difficile à croire ? Pourtant, pensez aux gens que vous côtoyez. N'avez-vous pas remarqué que certains peuvent être heureux malgré les épreuves, tandis que d'autres sont malheureux même s'ils ont tout pour eux ?

En définitive, il est vrai que le passé influence le prése[nt] puisque chacun naît avec une prédisposition au bonheur. C'est une bonne nouvelle, dites-vous ? Plutôt une très mauvaise ? Le tempérament est ancré dans nos gènes et il détermine 50 pour cent de notre capacité à être heureux. Voilà l'héritage que nous ont légué nos parents. Il faut se faire à l'idée ! Néanmoins, cela ne veut pas dire que l'on soit la réplique identique d'une mère ou d'un père inapte à la joie de vivre. Seulement, cela signifie que l'on est né avec des traits qui sont issus de nos géniteurs. On peut avoir hérité de l'humeur maussade d'un parent, mais aussi de la détermination, du sens de l'humour, de l'ouverture d'esprit d'un autre parent, ce qui fera de nous une personne unique. Il nous faut donc apprendre à tirer parti de notre héritage génétique.

Au bout du compte, cela veut dire que si vous vous demandez si vous serez heureux ou malheureux dans 10 ans, posez-vous la question suivante : « Suis-je heureux en ce moment ? » À moins d'une circonstance exceptionnelle, votre bien-être actuel est le meilleur prédicateur de votre bien-être futur. Toutefois, il en sera autrement si vous changez consciemment votre façon de penser et de vivre.

Qu'en est-il maintenant des circonstances, présentes et passées ? Quelle importance ont-elles vraiment dans l'équation du bonheur ? Selon les études, il semble qu'elles valent des miettes, soit 10 pour cent.

Êtes-vous en train de vous imaginer que vous êtes irrécupérable parce que le destin vous aurait joué un bien mauvais tour ? Faites un calcul rapide : 50 pour cent (tempérament) + 10 pour cent (circonstances) = 60 pour cent. Vous avez donc entre les mains 40 pour cent du pouvoir. C'est amplement suffisant pour agir sur les choses !

Votre bonheur repose sur vos gènes, mais vous avez le pouvoir d'être heureux !

Oui, il est possible d'apprendre à déjouer le destin. Le malheur n'est pas une fatalité, mais chacun a le choix de s'y cramponner ou de s'en délivrer. Des gens comme Raoul livrent une leçon de vie. Ce dernier a compris qu'il valait mieux être un bon vivant avant de mourir. Chacun son caractère détestable ou sa mauvaise fortune. Et la seconde partie de ce livre, vous apprendrez com- tiliser vos 40 pour cent et faire une vraie différence onheur.

À vous de jouer

Enterrez votre passé

Désirez-vous fouiller longtemps dans les fonds de tiroirs du passé pour y découvrir d'horribles souvenirs ? Voulez-vous y rester accroché comme une infirmité dont vous auriez malencontreusement hérité ? Préférez-vous croire que le passé est *passé* ?

Le moyen le plus radical de vous affranchir du passé est de cesser de prétendre que vous en êtes prisonnier. Des gens ont décidé de recommencer leur vie et ont réussi. Ils ont enterré leurs expériences antérieures pour se diriger vers un futur meilleur. Pourquoi pas vous ?

Voici un exercice pour vous libérer symboliquement de votre passé. Sur une feuille, rédigez le récit d'un souvenir douloureux. Videz votre esprit des images et des paroles qui vous rappellent les événements et les gens qui ont pu vous blesser. Accueillez les sentiments qui montent en vous. Permettez-vous d'être profondément triste, déçu ou en colère. Allez au bout de vos émotions et écrivez-les sans retenue.

Maintenant, choisissez un moment pour ensevelir vos souvenirs. Détruisez la feuille qui contient votre récit : brûlez-la, déchirez-la en mille miettes, jetez-la aux ordures, barbouillez-la de couleurs opaques, vendez-la dans les petites annonces.

Si vous manquez d'inspiration pour écrire un récit, vous pouvez prendre un objet qui représente votre passé et vous en départir : détruisez-le, cédez-le à un prix dérisoire dans une vente-débarras, remettez-le à son propriétaire, donnez-le à une bonne œuvre, remplacez-le par un objet qui évoque la nouvelle existence à laquelle vous aspirez.

PARTIE DEUX

Dix trucs pour être mieux

Imaginez que vous faites une promenade en forêt. Soudain, vous tombez dans un trou large et profond. Les parois atteignent le dessus de votre tête. Au fond de ce gouffre se trouvent quelques outils : une échelle, une planche, une corde et une pelle. Comment vous y prendrez-vous pour sortir du trou ?

Lorsqu'on est piégé, on prend des moyens – toutes sortes de moyens – pour se soulever du sol et s'en sortir. On prend l'échelle ou la planche, on l'appuie contre la paroi en y donnant un angle, et on grimpe jusqu'en haut. On creuse des marches avec la pelle, le long de la paroi. On se fabrique un grappin avec la corde pour se hisser hors du trou. Plus simplement encore, et s'il n'y a pas d'outils au fond, on fait un grand bond, on s'agrippe en haut de la paroi et on est libre. Hop !

D'autres idées ? J'ai demandé plusieurs fois à des gens comment ils s'y prendraient pour sortir de ce trou et jamais personne n'a dit qu'il resterait là à se complaire de son sort ou qu'il prendrait la pelle pour creuser la cavité davantage. Personne n'a fait allusion à ce genre d'idée sans queue ni tête. Cette solution ne vous viendrait pas à l'esprit non plus, n'est-ce pas ?

Cette analogie illustre que, pour s'extirper d'un gouffre, habituellement, on examine les outils que l'on possède et on les utilise pour s'en sortir au lieu de se mettre à creuser davantage. Vu sous cet angle, creuser le « problème » paraît illogique. Bien sûr, vous pouvez examiner la profondeur et la forme de l'endroit. Cette exploration est utile, car elle permet de savoir sur quelle base installer vos outils. Mais, en général, vous ne vous éternisez pas et vous vous mettez à l'ouvrage avec ce qui vous tombe sous la main, ou encore, avec vos bras et vos jambes, et vous vous en dégagez !

Pour chaque problème, il y a des moyens de s'en sortir.

La seconde partie de ce livre propose des trucs pour vous aider à sortir de vos impasses. Ces outils sont basés sur l'idée que, malgré les circonstances malheureuses du passé qui peuvent parfois sembler vous emprisonner et malgré vos peurs actuelles qui peuvent être envahissantes, des moyens sont à votre disposition pour vous en affranchir. Vous devez y prêter attention et les utiliser. Ainsi, vous saurez comment vous y prendre si vous rechutez une autre fois.

Cette partie du livre présente une approche simple, agréable et efficace qui est tirée du *strict bon sens*, mais aussi de connaissances éprouvées en psychologie qui sont marginales, c'est-à-dire qui ne s'accordent pas aux croyances traditionnelles. Surtout, elle repose sur des conceptions concrètes qui proviennent des années d'expérience à aider les gens qui ont des problèmes, mais qui s'en sortent plus vite que d'autres.

TRUC 1

Préférez le bon côté des choses

Quand on porte le lourd fardeau du passé ou que l'on vit des moments difficiles, certains d'entre nous ont le réflexe de se replier sur eux-mêmes. C'est instinctif. Un animal blessé se cache pour lécher ses plaies. Ce réflexe est un mécanisme de protection. Il est nécessaire à la vie, à notre survie.

Mais ce réflexe ne peut à lui seul nous libérer de nos tourments. Pris dans un trou, on ne peut se contenter de se lamenter en criant: « Je suis enfermé, quel drame ! » On doit découvrir les outils qui sont là, juste sous nos pieds, et qui peuvent nous sauver. Dans certains cas, comme dans cette histoire que je vais vous raconter, on devrait être à l'affût du bon côté des choses plutôt que de perdre son temps à s'apitoyer sur son sort.

L'ŒIL DE MA MÈRE

Un jour, la mère d'un garçon vint lui porter une collation dans la cour de l'école. Les élèves se mirent à rire parce qu'ils ne la trouvaient pas belle. Il lui manquait un œil. Son fils devint alors la risée de ses camarades de classe, qui se moquaient de l'infirmité de sa mère. Blessé dans son orgueil et humilié, il fit des reproches à sa mère et lui interdit de revenir à l'école.

Pendant plusieurs années, il se renferma dans son monde et fut très dur avec sa mère. Il finit par la renier et même par ne plus vouloir la voir. Devenu adulte, il décida de quitter sa ville natale pour travailler en région éloignée. Il se maria et eut deux beaux enfants. Il ne parlait plus à sa mère, les ponts étant complètement coupés. Un jour, toutefois, elle décida de lui rendre visite. Elle frappa à sa porte. Son fils, l'apercevant, lui demanda immédiatement de déguerpir. « Ne viens pas effrayer mes enfants ! » lui cria-t-il. Peinée, la mère retourna chez elle.

Quelques années plus tard, son fils apprit par des proches que sa mère allait mourir. Il se sentit forcé d'aller la voir une dernière fois. En arrivant dans son ancien quartier, un voisin l'arrêta pour lui apprendre qu'elle était déjà morte et lui remit une lettre qui lui était adressée. Dans cette lettre, la mère avait écrit ceci :

> Mon garçon, je t'ai aimé de tout mon cœur, mais secrètement, car tu ne voulais plus me voir. Je savais que tu étais malheureux de voir ta mère avec une telle infirmité qui la rendait si laide. Mais je veux que tu saches maintenant que tu as eu un accident lorsque tu étais bébé et que tu as perdu un œil. Aujourd'hui, si tu as tes deux yeux, c'est parce que je t'ai donné le mien. Ta maman

Le garçon fondit en larmes et sa cruauté envers sa mère fit immédiatement surface. Il était malheureusement trop tard pour les regrets.

Cette histoire rappelle cruellement une parole sage qu'a écrite l'auteur québécois Isabelle Vachon dans l'un de ses romans : « Un malheur n'arrive jamais seul, il y a toujours un bonheur à côté. » Les événements sombres peuvent cacher un rayon de lumière timide. La frustration et la colère de ce garçon l'empêchaient de voir l'essentiel. Il était centré sur son propre petit malheur et ne s'était pas arrêté pour découvrir que, derrière la laideur apparente de sa mère, se trouvait une bonté aveugle.

Pourquoi est-il nécessaire de *préférer le bon côté des choses*, même dans les pires moments ? Parce que *plus* on y accorde de l'importance, *moins* le malheur peut submerger notre esprit. Une analogie du bol plein d'eau permet d'illustrer cette idée aux gen qui ont des pensées et des sentiments très négatifs à l'égard d'eux-mêmes et des autres. Pour ce faire, on les invite d'abord à visualiser leur cerveau comme un bol plein de liquide qui représente le chagrin, la déception ou le ressentiment. Puis, on leur dit d'imaginer qu'ils déposent de jolis cailloux dans le bol, cailloux qui symbolisent la joie, l'espoir, l'amitié. « Qu'est-ce qui se passera ? » leur demande-t-on. L'eau se videra, bien sûr.

Apprenons à mettre régulièrement de jolis cailloux dans notre eau !

Il y a certainement déjà quelques beaux cailloux dans votre bol d'eau. Peut-être n'est-ce que de minuscules galets qui représentent le positif dans un récipient plein de négatif.

Lorsque nous prêtons attention aux parcelles de bien-être qui subsistent – parfois bien maigrement – dans notre vie, cela ravive notre confiance que nous pouvons traverser les épreuves.

CHOISISSEZ D'ÊTRE HEUREUX

Plus nous pensons à nos problèmes, plus ils prennent de la place. Ce phénomène perceptuel se nomme « l'effet de centration ». Il consiste à se centrer sur une chose pour que cette chose paraisse plus importante que le reste. Par exemple, plus on se centre sur une situation pénible, plus elle nous semble grave. On se sent alors encore plus dépressif et passif, ce qui s'ajoute à notre collection d'autres contrariétés. Au contraire, lorsqu'on y porte peu d'attention, ce que l'on appelle « l'effet par assimilation », les problèmes paraissent tout relatifs.

Les membres du mouvement des Alcooliques Anonymes suggèrent un principe équivalent. Si on se centre sur un problème, reconnaissent-ils, on nourrit le problème, tandis que si l'on met l'accent sur une solution, celle-ci a tendance à se déployer.

L'astuce des gens qui s'en sortent mieux que d'autres repose sur la perception qu'ils ont de leurs difficultés et, surtout, sur l'objet de leur attention. Ceux qui s'en sortent choisissent de tourner leur regard sur le versant positif de leur existence.

LE CHOIX DE JERRY

Le gérant d'un restaurant prénommé Jerry était toujours de bonne humeur. Quand on lui demandait comment ça allait, il répondait : « Si ça allait mieux, je serais jumeau ! » À ceux qui se plaignaient de tout ou rien, il était toujours là pour montrer le beau côté des choses.

« Chaque matin à mon réveil, disait-il, j'ai le choix. Je peux choisir d'être de bonne humeur ou de mauvaise humeur. Je choisis toujours d'être de bonne humeur. Chaque fois qu'un malheur arrive, je peux choisir d'être victime ou d'apprendre quelque chose de cet événement. Je choisis toujours d'apprendre. Quand on vient se plaindre à moi, je peux choisir de me plaindre à mon tour, mais je choisis de faire ressortir le côté positif. »

Un jour, le restaurateur fut forcé par des hommes armés à ouvrir son coffre-fort. Pendant qu'il l'ouvrait, sa main nerveuse glissa de la manette de combinaison et les voleurs paniqués firent feu sur lui. Heureusement, Jerry fut rapidement trouvé et transporté à l'hôpital. Après une longue chirurgie et des soins intensifs, il put quitter l'hôpital, mais avec des fragments de projectiles subsistant dans son corps.

Jerry raconta plus tard que les ambulanciers avaient été incroyables. Ils ne cessaient pas de lui répéter que tout irait bien. Mais quand ils l'amenèrent à l'urgence et que Jerry vit l'expression sur les visages des médecins et des gardes, il frémit. Dans leurs yeux, il pouvait lire : « C'est un homme mort. » Jerry raconta qu'une grosse infirmière lui criait des questions. Elle lui demanda s'il était allergique à quelque chose. Il lui répondit : « Oui, aux balles de fusil ! » Quand ils eurent fini de rire, il leur dit : « J'ai choisi de vivre. S'il vous plaît, opérez-moi comme si j'étais vivant et non pas mort. » Jerry survécut grâce à la compétence des médecins, mais aussi grâce à son étonnante attitude.

Chaque jour, on a le choix d'être joyeux ou d'être de mauvais poil. On peut regarder le beau côté ou remarquer le plus laid. On a le choix de jouir de la vie ou de s'en plaindre. Au bout du compte, la seule chose qui nous appartienne et que personne ni aucun événement de notre existence ne peut nous enlever, c'est notre *attitude* devant les circonstances.

Chaque matin, vous pouvez choisir d'être de bonne humeur.

Êtes-vous aussi positif que Jerry ? Rassurez-vous, rares sont ceux qui possèdent un tel optimisme inconditionnel. Je ne le possède pas moi non plus ! D'ailleurs, je m'en défends bien, car il peut y avoir un piège à voir positivement une situation qui ne l'est pas. Les tyrans du « positif absolu » peuvent utiliser l'optimisme de façon inappropriée ou excessive ; en d'autres mots, ils peuvent en « mettre trop ». À la longue, ils deviennent de véritables casse-pieds. L'idée, c'est de trouver un équilibre dans tout ça. On peut reconnaître ses propres travers et les situations problématiques, mais quand même voir le verre à moitié plein la plupart du temps.

ÊTRE OPTIMISTE, UNE GÊNE CULTURELLE

Lors d'une conférence, un jeune participant agitait son bras, impatient de me poser une question : « N'est-il pas dangereux d'être trop optimiste ? » demanda-t-il. Autrement dit, comme le vin nous monte à la tête, trop de bonnes choses risquent-elles de nous faire perdre la tête ?

Don't worry, be happy.

Le chanteur américain Bobby McFerrin, qui a connu un grand succès avec cette chanson, est-il le seul à pouvoir prétendre à une telle candeur ? Bien des gens croient en effet qu'il vaut mieux « garder les deux pieds sur terre » et ne pas être trop crédule, sinon, le risque est grand de se cacher la « vérité » ou de se conter des histoires. Ils pensent que le « positivisme » est une illusion dont il faut se méfier. A-t-on peur de paraître trop naïf ou de voir tout en rose ?

Dans son roman *Ouf!*, l'auteur québécois Denise Bombardier écrit pour sa part que le bonheur est suspect de nos jours. Si on l'affiche, on passe pour des inconscients ou des illuminés. Il est préférable de ne pas s'en vanter ! Qui plus est, on se sent menacé par les gens heureux, alors que l'on éprouve de l'empathie pour ceux qui se déchirent. L'avocate du diable des sentiments poursuit sa prose en comparant les peines d'amour aux moments de bien-être. Les premières, précise-t-elle, nous plongent dans les émotions les plus intenses, les plus violentes et les plus marquantes de notre vie, alors que le bonheur, hélas, n'est qu'un puissant analgésique duquel on ne tire aucune leçon.

Tout compte fait, lorsqu'il est question de parler du bon côté de notre existence, on ne sait pas vraiment quoi raconter. Que dire sur ce qui va bien ? Ça va bien, un point c'est tout. On n'a pas l'habitude d'étaler nos bons coups en dépit de nos erreurs ; de valoriser nos qualités en dépit de nos défauts ; de mettre de l'avant nos forces en dépit de nos faiblesses. Sans être exagérément modeste, on peut éprouver de la difficulté à reconnaître ce qui peut aller tout simplement bien.

Vous et moi avons cette gêne culturelle. Une jeune intervenante d'un centre de désintoxication me parlait du travail qu'elle faisait auprès des toxicomanes. « Ce qui me frappe le plus, avouait-elle, c'est comment les participants qui entament le programme ont de la difficulté à reconnaître leurs réussites. Sauf la consommation, ils considèrent leur vie comme déprimante et excellent à voir le négatif chez eux et dans la société. Dans un journal personnel, ils doivent écrire une qua-

Par gêne ou par pudeur, chacun évite de s'étendre sur son « petit bonheur ».

lité qu'ils possèdent. Dans les premiers jours, cet exercice leur paraît infaisable. Par chance, au bout de quelques semaines d'efforts, ils deviennent vraiment créatifs ! »

Les thérapeutes eux-mêmes admettent qu'ils savent mieux explorer les faiblesses des gens que de mettre en valeur leurs forces. On peut les entendre affirmer avec une honnêteté désarmante : « Lorsqu'un client m'annonce qu'il va bien ou qu'il a réussi à s'affirmer, à s'épanouir ou à se détendre, le mieux que je sache faire alors, c'est de dire : "Tant mieux pour vous !" Puis, je lui demande : "Quel autre problème est au programme ?" » Par conscience professionnelle, les thérapeutes ramènent leurs clients à des aspects traumatisants et plus pénibles, sur lesquels il convient de travailler. Ils veulent éviter de paraître « superficiels » en se contentant de mettre un diachylon sur le « bobo ». D'ailleurs, pensent-ils, pourquoi payer les services d'un psychologue pour parler de ce qui va rondement, alors que les amis sont là pour ça et, eux, ne coûtent rien !

Ils ont raison. Mais seulement jusqu'à un certain point. Là où ils se trompent, c'est qu'ils seraient beaucoup plus efficaces – et on les apprécierait davantage – s'ils s'intéressaient *aussi* à ce qui va bien chez les gens au lieu de se centrer uniquement sur ce qui va mal.

LA VIE A DU BON ET DU MAUVAIS

Bien sûr, on ne peut rester longtemps dans l'illusion d'une existence parfaite sans être confronté à quelques épreuves. La vie est constituée de forces positives et négatives qui s'opposent et qui génèrent son évolution. Il en est ainsi pour tout ce qui est vivant.

Avez-vous déjà pris un aimant dans vos mains pour ressentir sa force d'attraction sur le fer ? Cette pierre noire possède un étrange pouvoir grâce à la coexistence des pôles négatif et positif. Il en est de même pour l'expérience affective humaine, qui est constituée de pensées et d'émotions négatives *et* positives. Elles forment une dynamique qui s'apparente à celle de l'aimant et du fer.

L'humain stagne s'il se concentre seulement sur le négatif.

Le « courant » ne passe *que* lorsque la sphère positive est aussi reconnue. Par ailleurs, ne voir *que* du positif et *rien que* du positif finit par créer une forme de fixité. C'est le fait de considérer l'un *et* l'autre qui rend le mouvement possible. Plus étonnant encore, si l'aimant est coupé en deux, les pôles se reforment et les propriétés de la pierre subsistent. C'est un peu la même chose du côté de l'expérience humaine : à la suite d'une déchirure, de nouvelles ressources peuvent être catalysées.

La vie se met en branle lorsque des forces contradictoires se stimulent mutuellement. Néanmoins, notre cerveau a tendance à les cloisonner. C'est comme s'il ne pouvait considérer simultanément deux éléments opposés : le bon et le mauvais. Généralement, croit-on lorsque l'un est présent, l'autre devrait s'éclipser.

Des gens comme Jerry qui choisissent d'être de bonne humeur chaque matin n'ignorent pas que des drames sont pénibles à vivre. Ils éprouvent un désenchantement temporaire. La différence, c'est qu'ils reviennent plus rapidement au bon côté des choses. Les gens optimistes ne se bercent pas d'illusions en voyant la vie en rose, ils sont vifs d'esprit ! Lorsqu'un malheur survient, dans un court laps de temps, ils pensent au bonheur, alors que les pessimistes butent longtemps sur le malheur, et s'y prennent parfois carrément les pieds.

Soyez plus rapide à vous remettre sur pied après une épreuve.

Notre existence comporte plus de bonnes choses que de mauvaises ; nos journées ont 24 heures, alors le fait de vivre une ou deux heures pénibles ne devrait rien enlever aux autres moments de la journée qui se succèdent paisiblement.

IL Y A UN TEMPS POUR CHAQUE CHOSE

Prêter davantage attention aux beaux côtés de la vie ne veut donc pas dire nier les difficultés inhérentes à toute existence humaine. Il y a un temps pour reconnaître les limites et les problèmes auxquels on est confronté et un temps pour en découvrir les bénéfices.

Imaginez les situations bouleversantes suivantes. Vous n'avez pu empêcher le suicide de l'un de vos proches et vous vous sentez terriblement coupable. Vous avez été victime d'une agression et vous craignez de vous trouver de nouveau dans le lieu du crime. Vous n'avez pas obtenu la promotion que vous espériez, alors que vous aviez travaillé si durement.

Dans un premier temps, la chose la plus sensée à faire lorsqu'on est éprouvé, c'est d'être à l'écoute de ses émotions et d'accepter la plainte qui cherche à s'exprimer. Ne luttez pas contre celle-ci, car elle est légitime. Regardez cette souffrance et accueillez-la avec toute votre réceptivité. Dans un deuxième temps, trouvez les mots pour reconnaître les forces qui restent intactes en vous et pour percevoir les fragments d'un bonheur inébranlable.

Quand on vit une épreuve, voire une tragédie, il ne faut surtout pas nier sa souffrance. Celle-ci est bien réelle. Un événement pénible peut nous jeter à terre et il peut nous falloir un bon moment avant de nous relever. Cela peut nous frapper si fort que nous en sommes littéralement assommés. Cela peut complètement assiéger notre esprit et nous rendre très peu disponibles pour un temps à tout mot d'encouragement.

Si vous vivez une expérience qui vous afflige, prenez soin de vous. Convenez que ce que vous éprouvez est contrariant. Chacun a le droit d'avouer l'immensité des afflictions qu'il éprouve. Puis, prenez conscience du courage dont vous faites preuve inévitablement devant cette tragédie. Pensez que vous possédez des talents, des qualités et des champs d'intérêts qui vous permettent de tolérer cette épreuve. Revoyez les moments exceptionnels qui vous ont apporté de la joie. Renouez avec les

…i vous font du bien. Considérer les aspects positifs …rience est un atout à votre rétablissement.

À vous de jo…

Faites votre liste des bonnes choses

Rééduquez vos neurones de manière à remarquer le bon côté des choses.

Prenez un moment pour faire la liste de vos convictions les plus profondes, de vos passions les plus inspirantes, de vos amours et de vos enfants, des amis avec qui vous partagez des moments merveilleux et touchants, des événements positifs les plus marquants de votre existence et des rencontres significatives.

Arrêtez-vous à chaque aspect de votre liste et demandez-vous ce qu'il vous apporte. Quelle influence déterminante a-t-il sur vous et sur votre quotidien ?

Lorsque vous traversez un moment difficile, ressortez cette liste et reprenez contact avec cette source puissante d'énergie qui peut déplacer des montagnes.

Si vous avez le courage de pousser plus loin l'exercice, faites la liste des moments difficiles de votre vie et demandez-vous ce qu'ils vous ont permis d'apprendre.

TRUC 2
Carburez aux émotions positives

Quel est le meilleur remède sur le marché des thérapies, le moins dispendieux et le plus accessible ? Un supplément composé de joie et de sérénité ! Prescrit quotidiennement, il apporte ce qu'il faut pour prévenir les maladies bénignes et soigner bien des problèmes plus graves. Vous croyez peut-être que seuls les médicaments chimiques vendus en pharmacie ont un effet sur la santé ? Détrompez-vous ! Des substances naturelles produites par le corps lorsque vous êtes heureux font aussi du bien. Et ils sont sans effets indésirables.

Ce n'est pas une blague. Une action aussi élémentaire que de sourire ou de rire régulièrement a un effet thérapeutique.

Les émotions positives constituent un *combustible* aussi indispensable pour le corps que l'essence l'est pour l'automobile. Seul le carburant peut remettre en marche le moteur d'une voiture en panne sèche. Le mécanicien le plus compétent, les investigations les plus poussées, les tentatives de réparer le moteur, de changer les bougies, de recharger la batterie ne feront pas avancer la voiture si elle manque d'essence.

> *Souriez ou riez quelques fois de plus par jour et vous vous porterez mieux !*

De même, lorsque vous faites une chute au sol, vous pouvez analyser la situation de tous les côtés, votre mauvaise posture et les saillies du sol qui ont causé votre chute, mais le moyen de vous relever est d'utiliser la force de vos muscles. Il en est ainsi pour tout. Le corps humain a besoin de nourriture pour survivre. Le voilier a besoin de vent pour filer. Sur le plan psychologique,

vous avez besoin d'émotions positives pour vous rétablir.

Une image fantaisiste permet d'illustrer cette idée. Imaginez que vous êtes très déprimé. Vous avez l'humeur dans les semelles. Parce qu'il faut vous divertir un peu, un ami vous propose d'aller au cinéma. De peine et de misère, vous le suivez. Il vous entraîne dans une salle spéciale qui projette des films dont vous êtes l'acteur principal. Deux films sont à l'affiche : le premier expose des moments exceptionnels de votre existence, vos plus grandes réalisations, avec des personnes que vous aimez, ces moments parfaits où vous étiez comblé de joie et de gratitude ; le second présente l'anthologie des pires erreurs que vous avez commises dans votre vie, vos maladresses, vos ruptures, vos échecs. Quel film avez-vous le plus envie de regarder ?

Lorsqu'on est démoralisé, on a plus envie de se souvenir des moments inspirants que de passer en revue les films d'horreur de sa vie. Les meilleurs extraits de notre autobiographie nous aident bien davantage à traverser les moments difficiles de notre vie que les souvenirs déprimants !

ÉLEVEZ-VOUS AU-DESSUS DU POINT ZÉRO

Malgré l'évidence de cette fantaisie au sujet du cinéma de sa vie, parfois on présume à tort qu'on doit revoir les horreurs de notre existence afin d'accéder au bonheur bien mérité. « Le bonheur vient quand on cesse d'être malheureux. » Qu'en pensez-vous ? Dans le même ordre d'idées, on pourrait aussi dire que la santé vient quand on n'est plus malade. Cette idée semble tomber sous le sens, mais elle n'est pas totalement exacte.

Le célèbre psychologue humaniste américain Abraham Maslow proclamait que la santé ne se limite pas à l'absence de maladie. La santé est bien plus ! Une personne qui se contente de ne plus être « malade » adopte une conception bien limitée de sa santé.

Sur le plan psychologique, on peut penser qu'il y a également une différence entre retrouver un état « normal » et s'épanouir.

Un continuum permet d'expliquer pourquoi ne plus être mal en point n'est pas *synonyme* de bien-être. Cela signifie seulement que l'on est au milieu, au *point zéro.* Ce point représente une *absence d'émotions négatives,* mais aussi une *absence d'émotions positives.* Disons que l'on a enfin réussi à se sortir des bas-fonds ; cela ne signifie pas que l'on est au sommet ou « au-dessus de ses affaires ». On a fait la moitié de la besogne avant d'atteindre un état optimal.

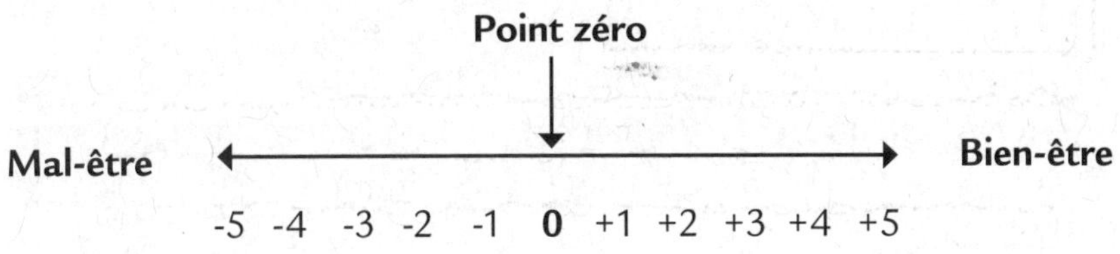

Un exemple de ce continuum est donné par le psychiatre américain Aaron Beck, professeur émérite au département de psychiatrie de l'Université de Pennsylvanie. Beck a proposé un instrument de mesure qui évalue les symptômes de la dépression. Selon cet outil, le meilleur score qu'une personne puisse atteindre est zéro. Cela signifie qu'elle n'a plus de symptômes dépressifs ; elle est « guérie », semble-t-il ! Admettons cependant qu'il y a un monde entre ne plus se sentir triste ni avoir de pensée suicidaire et être enthousiaste et souriant à l'idée d'entreprendre une nouvelle journée !

La proportion d'émotions positives ou négatives présentes dans votre quotidien correspond à un endroit du continuum qui est représenté dans ce qui suit par les lettres A, B ou C.

A. Pôle positif : vos journées comportent de nombreuses *émotions positives* ; les quelques mauvais moments qui surviennent retiennent peu votre attention.
B. Point zéro : vous vous sentez généralement « au neutre », sans agitation ni grand désagrément, mais sans vitalité non plus.
C. Pôle négatif : vous êtes souvent déprimé, inquiet, en colère ou malheureux. Il vous arrive momentanément de vivre de meilleurs jours, mais ceux-ci ne durent guère.

Si vous avez choisi A, bravo ! Si vous avez choisi B, vous pouvez faire mieux ! Si vous avez choisi C, c'est le signal d'alarme : vous devez multiplier vos émotions positives pour recouvrer la santé.

METTEZ LE NÉGATIF K.-O.

Pourquoi est-ce capital de dépasser le point zéro ? Ne peut-on pas rester « au neutre » ? Certainement pas ! Au neutre, la vie est sans teint, c'est-à-dire sans émotion. Or, les émotions peuvent redonner la santé. En fait elles jouent un rôle inégal sur notre organisme : les *émotions négatives nous rendent malades,* surtout lorsqu'elles sont refoulées, alors que les *émotions positives sont bénéfiques* et essentielles à notre corps et à notre cerveau.

Comment cela s'explique-t-il ? En neurobiologie, les scientifiques ont découvert que différentes émotions activent différentes régions du cerveau. Les émotions négatives, telles la peur et l'agressivité, semblent se loger dans les régions *primaires* du cerveau. Ces régions sont dites « primaires » parce que, dans l'évolution de l'être humain, elles se seraient développées antérieurement aux zones associées aux émotions positives plus complexes. Les zones primaires réagiraient aussi plus rapidement, ce qui expliquerait notre tendance à la négativité.

Les chercheurs en neurobiologie ont fait une autre découverte doublement intéressante : en fonction de la nature du système nerveux autonome, il est physiologiquement impossible d'éprouver en même temps certaines émotions dites « incompatibles ». Par exemple, on ne peut être « calmement stressé » ni « joyeusement triste ». Cette incompatibilité fait en sorte que la présence d'*émotions positives* empêche l'apparition d'*émotions négatives* ou réduit leurs effets. De plus, elles ont la capacité de nous permettre de recouvrer rapidement la bonne humeur. On utilise ce procédé, sans trop le savoir, lorsqu'on plaisante pour dédramatiser une situation fâcheuse.

Les émotions positives peuvent mettre K.-O. les émotions négatives !

Notre cerveau est brillant ! Si on s'efforce d'accroître nos émotions positives, les négatives s'en verront inévitablement réduites. Vous rappelez-vous l'analogie du bol plein d'eau ? Le cerveau est comparé à un récipient qui peut contenir une quantité limitée de substances. Si on le remplit d'émotions positives, par la même occasion, on évacue le négatif.

On a longtemps pensé que les émotions positives ne pouvaient être qu'une *conséquence* d'un événement. « Je suis joyeux *parce que* les vacances arrivent. » La joie est l'effet produit par les vacances. Or, selon Barbara Fredrickson, qui enseigne la psychologie à l'Université de la Caroline du Nord, les émotions positives ne sont pas seulement une conséquence comme on est porté à le penser, mais elles sont aussi la *cause* d'une suite de bonnes choses. Elles produisent une réaction positive, qui, à son tour, entraîne d'autres émotions positives.

Lorsqu'on reçoit une bonne nouvelle (les vacances sont enfin arrivées !), on éprouve de la bonne humeur. À son tour, cette émotion positive provoque un regain d'énergie, une fébrilité, une ouverture d'esprit… Bref, on se sent vraiment bien. Se sentant bien, on réagit plus positivement aux circonstances. Et ainsi de suite. Une suite d'émotions positives produit une spirale ascendante.

Ce cycle positif va à l'inverse de la spirale descendante dans laquelle on glisse lorsqu'on éprouve une émotion négative, qui entraîne des pensées négatives, qui, à leur tour, engendrent d'autres émotions négatives. Et une plongée en vrille vers le bas s'ensuit.

Toutefois, on peut rester «pris» dans une spirale ascendante ou descendante et perdre pied. Les gens atteints d'un trouble bipolaire (ou maniacodépression) peuvent être emportés successivement dans une spirale descendante, à la phase de la dépression, puis dans une spirale ascendante, à la phase de la manie. Apprendre à gérer leurs humeurs est un défi de taille pour ces personnes, mais elles pourront ainsi profiter des effets tangibles des émotions positives.

L'EFFET THÉRAPEUTIQUE DES ÉMOTIONS POSITIVES

On n'a pas besoin de capsule de bonheur comme le Prozac ! Notre corps produit naturellement des substances que l'on appelle les «hormones du bien-être», plus précisément la dopamine et la sérotonine. Ces hormones sont présentes dans votre organisme lorsque vous regardez un film rigolo, lorsque vous humez une odeur agréable ou que vous mangez du chocolat et, surtout, lorsque vous faites de l'exercice. Le plus incroyable, c'est qu'elles contribuent également au renforcement du système immunitaire.

L'effet des émotions positives se remarque aussi sur le plan de la tolérance à la douleur. Dans une étude menée par Charles Richard Snyder, un professeur du département de psychologie de l'Université du Kansas, on a demandé à des personnes de plonger leur bras dans l'eau glacée. Celles qui éprouvaient des émotions positives avaient une moindre sensibilité au froid et une plus grande tolérance à l'eau glacée que les autres.

Parmi les émotions positives, la joie est un des meilleurs antidotes à la maladie. Physiologiquement, elle contribue au relâchement de la tension et augmente le taux d'anticorps dans le sang. Le professeur Herbert Lefcourt, de l'Université de Waterloo en Ontario, a montré qu'une bonne dose de rire augmente la production de l'immunoglobine de type A, une protéine du sang qui aide à prévenir des malaises bénins et contribue au traitement de maladies graves comme le cancer ou les troubles cardiovasculaires.

La joie agit comme l'aspirine pour un mal de tête: son effet est analgésique. Le journaliste et auteur américain Norman Cousins a décrit comment 10 minutes consacrées à regarder un film comique peuvent apporter deux heures de soulagement de la douleur associée aux maladies inflammatoires. Le rire aide aussi à mieux dormir. Une capsule de rigolade est un médicament collectif contagieux. Je vous le prescris sans modération en famille, entre collègues ou avec des amis!

Plusieurs prétendent que le fait de plaisanter dans une situation inconfortable est un mécanisme de défense. Et si c'était, au contraire, un moyen de reprendre du pouvoir sur ses difficultés?

L'AMOUR À TROIS

Vous souvenez-vous de Georges, l'homme qui avait trompé sa femme, mais qui tenait à la garder dans sa vie? Après son infidélité, le couple avait réussi à retrouver une certaine harmonie interpersonnelle, mais dans l'intimité, il n'arrivait pas à retrouver l'aisance d'autrefois. Et pour cause! Claire admettait que, chaque fois qu'ils se mettaient au lit, elle ne pouvait chasser de son esprit l'image de la maîtresse de Georges. Du coin de l'œil, nous nous sommes regardés les uns et les autres et avons pensé la même chose: c'est comme s'ils faisaient l'amour à trois! Claire, Georges et... la maîtresse! Nous nous sommes tous mis à rire, puis à réfléchir aux moyens de mettre à la porte de la chambre à coucher la maîtresse non désirée.

FAITES COMME LES GENS HEUREUX

Connaissez-vous l'écrivain français Bernard de Fontenelle (1657-1757) ? Je ne le connaissais pas avant de lire quelques lignes sur sa vie. Il fit de brillantes études chez les Jésuites de Rouen, écrit-on, où il acquit le renom de « jeune homme parfait sous tous les rapports ». Il entra ensuite au Barreau, y plaida sa première et unique cause, mais la perdit. Puis, il se rendit à Paris pour faire du théâtre, où il n'eut guère plus de succès, avant de se livrer à la littérature scientifique. Il mourut presque centenaire. Monsieur Fontenelle a écrit une phrase qui résumait dramatiquement sa propre existence :

> **Ne prenez pas la vie au sérieux ; de toute façon, vous n'en sortirez pas vivant !**

Les gens heureux ne se prennent pas trop au sérieux et s'en portent mieux. Le chercheur américain Michael Fordyce a même démontré que chacun peut sortir de la déprime en faisant *comme* s'il était heureux. Il a étudié les habitudes des gens heureux et a établi leurs tactiques préférées au quotidien. Par exemple :

Être actif et se tenir occupé.
Passer du temps avec les autres.
Faire un travail important à ses yeux.
Équilibrer ses activités.
Arrêter de s'en faire.
Diminuer ses attentes.
Avoir de saines attitudes envers soi-même.
S'accepter tel que l'on est.

Il a ensuite proposé ces tactiques à des personnes dont l'humeur était à plat. Elles devaient adopter des attitudes et faire des choses comme celles mentionnées à la page précédente. Ces personnes déprimées se sont mises à aller mieux et à éprouver moins de symptômes dépressifs.

Voulez-vous faire comme elles ? Faire *comme* si vous étiez heureux est un procédé audacieux de désensibilisation. Un tel procédé est utilisé pour vaincre la peur des araignées ou celle des ascenseurs. Cela consiste à faire *comme* si on était dans une condition à laquelle on aspire. On veut réussir à voir une araignée sans crier d'épouvante ou monter dans un ascenseur sans paniquer, alors on prend volontairement des araignées dans sa main ou on monte et descend dans des ascenseurs jusqu'à ce que l'on y soit à l'aise. Pour être heureux, vous pouvez tenter de faire *comme* si vous l'étiez. Vous voulez être confiant, détendu et de bonne humeur ? Alors faites comme si vous l'étiez. Et voyez l'effet surprenant !

En imitant une personne en pleine possession de ses moyens et heureuse, vous vous transformez peu à peu. Au contraire, si votre expression faciale est éteinte ou neutre, votre humeur le devient également. Cet effet est observable dans le cerveau. Froncez les sourcils volontairement et vous activez les régions associées à la colère. En revanche, même un sourire forcé peut stimuler la joie. Mettez votre doigt entre vos dents, délicatement, sans le mordre, de manière à relever vos lèvres comme si vous souriiez, et votre corps stimulera les mêmes régions du cerveau que lorsque vous êtes joyeux. Essayez-le !

L'ESPOIR AIDE À GUÉRIR

L'auteur québécois Danielle Fecteau affirme que nous avons tous la capacité de nous autoguérir. L'espoir est une attitude des plus curatives ! Il fonctionne à l'inverse du stress, qui a un effet que l'on qualifie de psychosomatique sur l'organisme. L'espoir est responsable de réactions organiques qui déclenchent la production d'anticorps qui, à leur tour, renforcent le système immunitaire. Il agit comme un bouclier contre l'adversité.

Dans son ouvrage intitulé *L'effet placebo : le pouvoir de guérir,* Danielle Fecteau rapporte des cas très percutants où l'espoir aurait entraîné la guérison, scientifiquement inexplicable, de grands malades. Elle cite notamment le cas de monsieur Wright, un vieil homme dont le corps était envahi de tumeurs malignes. Son médecin lui donna un placebo en prétendant que c'était un médicament contre le cancer. En l'espace de quelques mois à peine, il guérit complètement. Au cours de l'année suivante, monsieur Wright entendit aux nouvelles que le médicament qu'il avait cru prendre s'avérait inefficace. En peu de temps, les tumeurs réapparurent et le vieil homme fut hospitalisé. On lui prescrivit un nouveau placebo en lui faisant croire qu'il s'agissait d'une version améliorée du médicament. De façon aussi spectaculaire que la première fois, les tumeurs disparurent totalement. Quelque temps plus tard, les journaux annoncèrent que le médicament n'était pas efficace et que l'on devait abandonner les attentes fondées sur celui-ci. Les tumeurs de monsieur Wright réapparurent pour de bon. Il n'y survécut pas.

L'espoir est une attitude puissante qui ravive les processus psychiques de rétablissement. Le seul fait d'obtenir un rendez-vous avec un spécialiste peut déjà rendre la situation plus tolérable. La confiance agit et parfois même les symptômes disparaissent de façon inattendue. C'est ce qui survient quand on se présente chez le dentiste et que l'on n'a plus mal aux dents !

Prendre une décision, peu importe laquelle, fait resurgir l'espoir. On se dit que ça changera et que l'on ira mieux. À son tour, cet espoir contribue à une vision de l'avenir plus favorable, à un état d'esprit où les difficultés paraissent plus tolérables. Cet état d'esprit commande de son côté des attitudes constructives. On agit différemment et, sans s'en rendre compte, on reprend du pouvoir sur ses problèmes.

L'exemple de Guy qui suit montre que l'on peut garder l'espoir que le changement se produira, même dans des circonstances où tout semble perdu d'avance.

GUY, LE SALAUD

Guy promet qu'il va changer sa vie et devenir une meilleure personne. Mais, de l'avis de tous, il n'a aucune chance. C'est un « mauvais garçon » ! Un « salaud » ! Pourtant, dès son jeune âge, il a réussi à accumuler une belle fortune, il a acquis la maison de ses rêves et conquis une femme adorable. À la tête d'une compagnie de renom, il a connu le succès et s'y est installé confortablement. Il semblait avoir gagné sur tous les plans, jusqu'au jour où, malencontreusement, il a causé sa propre ruine.

Guy a abusé de ses chances en déjouant la justice et les gens qui lui faisaient confiance. Ses escroqueries ont été découvertes et ses nombreuses infidélités envers sa femme ont aussi été dévoilées. Du coup, il a perdu sa fortune, son prestige, sa femme, la garde de ses enfants et ses amis.

Terrassé, Guy est prêt à plonger dans ses antécédents honteux et à expier ses péchés, confie-t-il. L'intervenant qui le rencontre lui répond qu'il ne veut rien savoir de ses fautes, mais qu'il est curieux de découvrir comment il a réussi à déjouer la justice avant de se faire prendre au filet.

D'abord surpris, Guy réfléchit un long moment. Puis il répond ceci : « Ma mère disait que j'étais malin. » À deux ans, il savait déjà comment obtenir de sa mère tout ce qu'il désirait. Il négociait un sourire pour acheter un tas de bonbons. Il offrait une caresse contre une permission spéciale. À l'école, il réussissait à tromper ses enseignants et inventait des mensonges pour éviter les retenues. Il racontait que ses parents s'étaient querellés la veille et, pour cette raison, il n'avait pu étudier pour ses examens. Il prenait un air d'enfant négligé et l'enseignant gobait sa salade. Plus tard, il a commencé à faire de petits vols dans le commerce où il travaillait. Il s'est lié d'amitié avec le propriétaire et cette amitié lui a servi d'alibi. Il a fini par avouer qu'il avait aussi trompé sa femme à plusieurs reprises.

Guy pouvait déjouer à peu près tout le monde et inventer des histoires à dormir debout. Il pouvait abuser de ses amis et commettre des vols qui passaient inaperçus. Il pouvait tromper sa femme sans qu'elle s'en doute. Alors, l'intervenant lui dit : « Malin comme tu es, j'ai confiance que tu sauras trouver le moyen de te sortir de l'impasse dans laquelle tu te trouves actuellement ! »

Ne doit-on pas dénoncer les faiblesses de Guy ? Lui-même ne doit-il pas admettre qu'il a failli à ses responsabilités civiques et qu'il a berné ses proches ? Bien entendu ! Alors pourquoi cet intervenant lui fait-il remarquer qu'il est futé ? Parce qu'il croit que Guy doit embrasser l'étendue de son expérience, y compris les forces qu'il possède, assurément. Il peut découvrir les profondeurs de ses abîmes, mais *aussi* les points culminants de son existence et les petits moments de sa vie qui lui ont accordé une trêve. Il doit reconnaître ses fautes, d'accord, mais il doit forcément s'appuyer sur ses forces pour retrouver l'espoir de s'en sortir et « devenir une meilleure personne » comme il le souhaite.

VOUS POUVEZ VOUS EN SORTIR !

Malgré les circonstances, chacun peut nourrir l'espoir qu'il s'en sortira. Une personne qui a commis des erreurs comme Guy peut penser que la seule chose qui lui permette de repartir à neuf, c'est de prendre conscience de ses torts et de se faire pardonner. Il doit se rappeler ses fautes pour éviter de retomber dans les mêmes pièges. Toutefois, cela ne lui redonnera pas l'énergie qu'il lui faut pour aller de l'avant. Considérer les ressources des gens permet de les aiguiller vers de nouvelles façons de se comporter. Croire en eux fait renaître l'espoir, comme dans cet autre exemple tiré de ma pratique.

VIRGINIE ET RONALD, ET L'ESPOIR DE S'EN SORTIR

Virginie et Ronald venaient me voir une fois par semaine. Chaque fois, ils rejouaient le même scénario. Au départ, chacun déversait un torrent de paroles cruelles à l'égard de l'autre et prétendait que s'*il* (ou si *elle*) se corrigeait, leur couple s'en porterait mieux. Chacun refusait d'admettre sa part de responsabilité dans cette situation pénible. Néanmoins, à la fin de chaque entretien, ils finissaient par entendre raison. Ils admettaient s'aimer encore – cet amour était bel et bien visible – et souhaitaient parvenir à dépasser les moments difficiles qu'ils affrontaient pour continuer leur route ensemble.

Un jour, l'un d'eux me demanda : « Comment fais-tu pour te montrer aussi patiente, alors que, chaque semaine, la même scène se joue entre nous ? » Je lui répondis que je voyais une magnifique tendresse s'installer entre eux après que chacun eut exprimé sa frustration, qu'ils possédaient tout ce dont ils avaient besoin pour dépasser leurs difficultés. J'ajoutai qu'ils étaient des gens doués – et je le pensais sincèrement –, parfaitement aptes à s'en sortir.

Les deux amoureux repartirent en laissant une parole que je conserve comme un merveilleux cadeau : « Au moins une personne croit en nous, et c'est suffisant pour y croire, nous aussi. »

Il n'est certainement pas facile de garder la confiance lorsqu'on est submergé par le découragement. Pour Guy, il n'est pas évident de renouer avec la réussite lorsque tout semble irrécupérable. Pour Virginie et Ronald, il n'est pas aisé de percevoir l'amour sous un torrent de paroles haineuses. Seulement, l'espoir éclaire l'obscurité.

Si vous ne pouvez garder qu'une seule chose, gardez l'espoir.

Pour terminer, pardonnez-moi de vous relater une étude scientifique cruelle qui fut malheureusement instructive. Des chercheurs ont construit dans un laboratoire un grand aquarium d'un mètre de profondeur rempli d'eau ; lorsqu'on éteignait la lumière de la pièce, il était dans le noir complet. Ils ont ensuite placé un rat dans l'aquarium dans le but de mesurer le temps qu'il prendrait pour cesser de nager et se laisser mourir. Ainsi dans l'obscurité, le rat cessa de nager après trois minutes et mourut.

Les chercheurs ont ensuite refait l'expérience, mais en laissant de l'éclairage dans la pièce. Le second rat a nagé pendant 36 heures avant de s'arrêter. Ce rat a pu dépenser 3 000 fois plus d'énergie que le premier pour sauver sa vie. Les chercheurs ont fait la même expérience à plusieurs reprises et ont obtenu le même résultat. Ils ont conclu que, parce que le second rat pouvait voir le reste de la pièce, contrairement au premier rat qui n'y voyait rien du tout, il avait l'espoir de s'en sortir. Il voyait « la lumière au fond du tunnel ».

L'espoir à lui seul ne sauve pas la vie. Par contre, il suffit d'un brin d'espoir pour trouver l'énergie de se battre contre l'adversité. Il fait la différence entre ne pas franchir la porte des possibilités, c'est-à-dire se tenir dans l'embrasure, attaché à son petit malheur, ou avoir la vitalité de s'en sortir.

Dans l'ouvrage intitulé *Pour en finir avec Babel*, les psychologues américains Scott Miller, Barry Duncan et Mark Hubble proposent des secrets pour cultiver l'espoir. Gardez en tête ces conseils afin de vous les remémorer lorsque vous serez aux prises avec un problème.

- Ayez la foi inébranlable que vous changerez.
- Soyez absolument convaincu que les gestes que vous faites mèneront à un changement et que vos croyances s'exauceront.
- Repensez à vos réussites passées et inspirez-vous-en !
- Ne perdez pas trop de temps à avoir des regrets ; remettez plutôt en question les hypothèses pessimistes que vous avez vis-à-vis de l'avenir, vos absolus insensés et vos habitudes malsaines.
- Vous pouvez changer, tout le monde le peut. Vous le pouvez plus que vous ne le pensez !
- Croyez fermement que vous pouvez influencer le cours des événements, que vous pouvez améliorer votre sort.
- Travaillez plus fort encore pour rebondir après la défaite.

L'espoir est une émotion positive et, comme les autres émotions positives, elle est un remède pour prévenir et soigner les maux. C'est l'essence qui remet en marche l'organisme. C'est parfois tout ce qu'il faut pour avancer sur la voie du rétablissement. Vous n'avez pas à vous contenter d'attendre qu'un événement vous rende heureux ! Vous possédez déjà en vous une aptitude naturelle au bonheur. Vous pouvez engendrer des « hormones de bien-être » en regardant le beau côté des choses. En y pensant de plus en plus souvent, vous éprouverez encore plus de bien-être. Ce cycle positif est la façon la plus simple d'éviter de trop souffrir.

Malgré les expériences éprouvantes, vous pouvez croire qu'il reste toujours « quelque chose de bon » à votre existence qui vous redonnera le cran d'affronter les épreuves. Ce quelque chose de bon a le pouvoir de balayer sur son passage les bévues et les échecs. Les prochains chapitres en parleront davantage.

À vous de jouer

Mieux vaut en rire !

Une des façons de carburer aux émotions positives est de faire une place importante au rire dans votre quotidien. Testez vos compétences dans ce domaine en accédant à Google ou à votre moteur de recherche préféré.

Tapez le mot « rire », puis, dans la colonne de gauche, sélectionnez « vidéos » pour voir les résultats. Aujourd'hui, j'ai obtenu 308 000 résultats en un instant. Vous avez le choix entre « fous rires en direct », « mort de rire », « rire et délire »… Autant de vidéos qui mettent à l'épreuve votre capacité à rester de marbre tandis que vous êtes soumis à une véritable torture hilarante !

Éclatez de rire vous aussi en voyant un bébé de quelques mois s'esclaffer. Compatissez avec un animateur de télé pris d'un fou rire incontrôlable. Amusez-vous à regarder un de ces gags « Juste pour rire ». Si vous succombez, ces quelques minutes d'hilarité auront contribué à votre santé !

TRUC 3

Recherchez les exceptions à vos problèmes

J'aime bien les histoires, car elles sont inspirantes. En peu de mots, elles passent un message qui marque l'esprit. Voici l'histoire d'un aigle que l'on prenait pour un poulet.

Un jour, un œuf d'aigle se retrouva par erreur dans un nid de poule. Des semaines passèrent et l'aiglon vit le jour. Il se mit à se comporter comme un poulet, à l'instar des membres de son entourage, en ignorant ce qu'il était vraiment. Après quelques mois, l'aiglon aperçut un oiseau beau et puissant qui volait très haut dans le ciel. Émerveillé, il demanda à sa maman poule : « Quel animal vole ainsi ? » « C'est un aigle, dit la maman, le roi des oiseaux. Mais ne pense pas voler si haut, tu n'es qu'un poulet. » Et l'aiglon cessa d'y penser. Il mourut sans jamais savoir qu'en vérité, il était un aigle.

Toutes les règles ont des exceptions.

Vous connaissez le proverbe ? Ainsi, un aiglon peut se retrouver parmi des poules et ignorer toute sa vie qu'il est apte à voler très haut. Comme lui, il nous arrive de sous-estimer nos ressources et de passer à côté de ce que nous sommes vraiment.

Chacun est doté d'un talent qui n'est pas reconnu à sa juste valeur, comme l'aiglon qui sait au fond exactement comment déployer ses ailes, mais ne le fait pas. Dans une moindre mesure, chacun sait comment dépasser ses difficultés et réussir à vivre sereinement, si ce n'est que quelques moments dans la journée. Des domaines de notre vie vont bien en dépit du reste.

Cette idée réconfortante vient de Steve de Shazer (1940-2005), le fondateur de la thérapie brève orientée vers les solutions. Ce thérapeute américain a découvert que les gens méconnaissent leur véritable potentiel. Or, ils peuvent régler leurs problèmes, même ceux qui sont persistants. Cette conviction lui vint lorsqu'il rencontra une famille confrontée à un problème d'énurésie : le jeune adolescent mouillait encore son lit fréquemment. Avec la famille, il chercha à comprendre ce qui se passait lorsque le trouble apparaissait. Il examina ce qui se produisait avant et pendant ces incidents, ainsi que comment se comportait chacun lorsque le garçon faisait pipi au lit.

Les membres de la famille avaient beaucoup de mal à expliquer la situation et se sentaient exaspérés. À la fin de l'entretien et à bout de ressources, de Shazer eut l'idée de leur proposer de faire quelque chose qui les encouragerait à se mobiliser. Il leur demanda d'observer au cours de la semaine suivante ce qui se passait les nuits où le lit restait *sec*. Que faisait le garçon avant de se coucher ? Comment sa journée à l'école s'était-elle passée ? Comment ses parents s'étaient-ils conduits envers lui ? Avaient-ils pris le temps de s'amuser avec le garçon avant l'heure du sommeil ? Ce dernier avait-il écouté de la musique ou lu un livre avant de s'endormir ? Ces informations sur le « lit sec » allaient permettre de saisir comment la solution que la famille recherchait se produisait *déjà* spontanément.

Tout a changé lorsque Steve de Shazer a compris qu'il existait des moments où le problème ne survenait pas, c'est-à-dire qu'il y avait des moments où le lit restait au sec. Tant de choses n'allaient pas, selon cette famille, mais peut-être y avait-il des choses qui allaient *bien* tout de même ! Ils allaient le trouver. De fait, le garçon *savait* comment garder un lit sec, puisqu'il y réussissait occasionnellement. Il

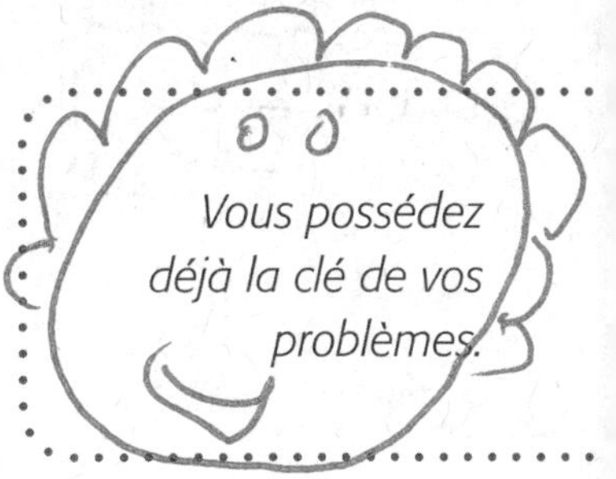

s'agissait d'examiner ce que lui et sa famille faisaient *bien* et de le reproduire plus souvent pour que le problème soit résolu.

Le plus merveilleux dans cette histoire, c'est qu'une seule séance de thérapie suffit à cette famille pour régler définitivement le problème. On peut s'imaginer que l'importance accordée au *lit sec* redonna confiance au jeune adolescent. Que cette assurance se répercuta dans toutes les autres sphères de sa vie. Qu'il se fit des amis de son âge et accepta de passer occasionnellement la nuit chez eux, alors qu'avant il s'y refusait. Qu'il eut envie de participer à des colonies de vacances et développa un intérêt pour les sports de plein air. Que ses notes scolaires s'améliorèrent. Plus encore, cette situation a pu contribuer à rétablir un bon climat familial et à baisser la tension entre les membres de la famille.

OFFREZ-VOUS UN CONGÉ DE PROBLÈME

La plupart des problèmes ne se règlent pas en une seule séance. L'histoire vraie de cette famille est tout de même hors de l'ordinaire. Néanmoins, la plupart des problèmes peuvent se résoudre plus simplement que l'on ne le croit, parce que chacun sait déjà comment s'y prendre puisqu'il le fait à certains moments.

En fait, une personne n'a pas besoin de connaître à fond le problème qui la tracasse pour trouver des solutions. Les membres de cette famille avaient avantage à s'intéresser au *lit sec* plutôt qu'au lit mouillé, puisque le premier contenait en soi la solution. Une simple consigne comme celle d'observer ce que les gens font de bien est une solution efficace pour régler tout genre de problèmes.

Observez ce que je fais de bien.

Une fois que vous savez ce qui marche, faites-le davantage!

Steve de Shazer disait qu'à coup sûr, chacun fait quelque chose de bien. Ayez de l'intérêt pour cette chose ! Cette « prescription » volontaire se transformera en prédiction autovalidante, c'est-à-dire que si vous remarquez comment vous réussissez, vous aurez tendance à reproduire davantage vos bons coups. Et, ce faisant, vous améliorerez votre situation.

Ces moments où le problème ne survient pas, alors que vous auriez pu vous attendre raisonnablement à ce qu'il advienne, s'appellent un « congé de problème ». Ce congé correspond à une oasis, si exiguë soit-elle, à laquelle vous pouvez vous abreuver d'espoir. Si vous découvrez ce qui est différent entre ce moment d'exception et ce qui se passe habituellement lorsque le problème est bel et bien présent, vous mettez la main sur de multiples façons de le reproduire à votre guise.

On vit ces moments plus souvent qu'on ne le pense. Certains ont un congé de problème lorsqu'ils cuisinent ou font leur jogging, d'autres lorsqu'ils regardent un film ou courent les magasins, d'autres encore lorsqu'ils travaillent ou discutent avec des amis.

Gertrude et le scrabble

Gertrude éprouve une inquiétude chronique. Elle se fait du mauvais sang pour ses enfants et ses petits-enfants. Elle s'en fait pour Pierre, son gendre, qui a perdu son emploi. Elle est angoissée à l'idée que sa fille, Louisette, se fera opérer prochainement. Elle est contrariée, car sa petite-fille Nadine a échoué à l'examen d'entrée de l'école privée. Elle est tracassée pour tout et rien. Ses préoccupations provoquent des symptômes persistants : maux d'estomac, migraines, troubles du sommeil.

Pourtant, son état s'apaise lorsqu'elle joue au scrabble. Une fois par semaine, pendant quelques heures, elle est complètement concentrée sur les lettres qui lui permettront de former les mots les plus payants. Aux aguets, sans aucune arrière-pensée, ses neurones s'activent au service du jeu et Gertrude y prend un réel plaisir. Son opiniâtreté triomphe de son anxiété. Cette foudroyante énergie mise à gagner des points occupe son esprit, et elle en oublie ses tracas.

Le scrabble aide Gertrude à dominer son inquiétude, car elle vit un moment extrêmement satisfaisant. Ce phénomène a d'abord été relaté par Abraham Maslow, alors qu'il tentait de décrire l'expérience exceptionnelle vécue par des sportifs et des artistes éminents. Ce phénomène, qu'il appela *peak experience* (en français « expérience optimale »), a été repris par le psychologue Mihaly Csikszentmihalyi lorsqu'il proposa son concept de *flow* (que l'on peut traduire par « flux »). Cet état d'être totalement investi dans le moment présent a un effet libérateur, euphorisant et engendre une libération de la tension. Il n'est pas réservé qu'aux sportifs ou qu'aux artistes.

Réussir, si ce n'est qu'une seule fois, à ne pas s'alarmer est une exception à la règle. En d'autres circonstances, ne pas consommer un deuxième verre, ne pas se quereller alors que la moutarde nous monte au nez, tenir la promesse faite à notre enfant, ne pas craindre le pire sont des preuves que nous sommes capables de prendre un congé de notre problème, du moins occasionnellement.

VIVE LES ACTIVITÉS PLAISANTES !

L'exemple suivant montre comment on peut soigner son anxiété en accordant beaucoup de temps à une activité *plaisante* qui n'a pourtant rien à voir avec la source d'anxiété.

JULIETTE ET LE JARDINAGE

Juliette me consulte parce qu'elle souffre d'une phobie sociale. Ce week-end, elle est invitée à une fête de voisinage. Imaginez ! Cette situation lui fait vivre un stress qu'elle a du mal à maîtriser. Aujourd'hui et jusqu'au week-end, je lui suggère de s'investir totalement dans une activité qu'elle aime. Elle décide de s'occuper de sa passion, le jardinage. Elle admire les fleurs qu'elle a plantées au printemps et le magnifique aménagement qu'elle a créé. Elle consulte les sites Internet pour connaître les plantes les plus convenables afin de les ajouter aux endroits ombragés ou ensoleillés. Elle dessine quelques croquis de la platebande qu'elle désire inclure dans sa terrasse.

Centrée sur ces belles images, elle retrouve l'ardeur pour braver ses peurs. Alors que d'autres auraient passé la soirée à se morfondre, convaincus qu'ils sont d'éternels anxieux, elle se rend à la fête, le croquis dans les poches. Au cours de la soirée, Juliette exhibe le dessin à l'une des convives qui, comme elle, raffole de l'horticulture. Elle lui propose de l'aider à aménager sa platebande. De fil en aiguille, cette nouvelle copine l'encourage à sortir de chez elle plus fréquemment. Elle l'invite à s'inscrire dans un groupe d'amateurs d'horticulture qui organise des visites de jardins et des rencontres sociales. Juliette se met ainsi à créer des liens avec de nouvelles personnes.

Quatre années plus tard, en retrouvant le petit croquis oublié dans les tiroirs de son bureau de travail, elle m'écrit pour me dire qu'elle va beaucoup mieux !

Habituellement, le traitement cognitif de choix pour vaincre l'anxiété est de confronter les gens à leurs fausses croyances et à l'idée catastrophique obsédante que le problème surviendra inévitablement. Le procédé plus simple et plus divertissant que Juliette a expérimenté consiste à s'engager dans une activité qui éveille sa passion, puis à affronter la situation préoccupante en gardant cette activité bien en tête. L'esprit ainsi absorbé par des pensées constructives, Juliette se sent en pleine possession de ses moyens et elle est prête à plonger.

Prenez congé de vos problèmes !

Évidemment, certains loisirs sont de dangereuses béquilles. Il ne suffit pas de se dire : « Je vais me payer une nouvelle garde-robe, dévorer un gâteau au chocolat et prendre un verre et j'oublierai tout. » Il s'agit de renouer avec les occupations dont nous sommes fiers et qui nous redonnent le courage d'affronter nos difficultés.

Quelles activités aimez-vous?

Marcher, lire, faire du vélo, rigoler, peindre… Pourquoi ne pas penser à ces activités aux moments où vos problèmes surviennent? Celles-ci peuvent alléger la lourdeur de vos tracas.

On n'a pas toujours besoin d'idées compliquées pour améliorer sa condition. Pas besoin de regarder les films d'horreur de sa vie! Milton Erickson prescrivait des choses très drôles à ses patients. Par exemple, à ceux qui souffraient de claustrophobie, il leur suggérait de faire une chorégraphie sans queue ni tête avant de pénétrer dans un endroit clos. Ils devaient faire trois pas en avant, quatre en arrière et deux sur le côté, un saut et une pirouette pour se rendre jusqu'à l'ascenseur. Ces gestes insolites détournaient leur esprit des peurs incontrôlables qui les assaillaient habituellement dans une telle situation.

DE LA MAGIE AU QUOTIDIEN

À certaines périodes, on peut avoir l'impression qu'un problème est omniprésent. On a le sentiment d'être *toujours* mal ou de ne *jamais* être bien. Alors, une exception ne représente pas nécessairement l'absence d'ennuis, mais elle consiste en un moment, si court soit-il, où ceux-ci sont *moins* accaparants. Car, il faut bien l'admettre, un problème ne peut exister à la même intensité 24 heures sur 24. Il n'y a rien qui arrive *tout le temps*, ou qui soit *toujours* pareil. La magie s'opère au quotidien!

Sérieusement, vous ne faites pas apparaître de lapin hors du chapeau et vous ne coupez pas la femme en deux. Néanmoins, vous faites en sorte que vos problèmes s'éclipsent ou qu'ils s'atténuent. Vous n'en êtes généralement pas conscient. En parlant de ces moments particuliers, Ann Masten, qui enseigne la psychologie à l'Université du Minnesota, précise que

Chaque jour, vous faites de la magie.

chacun possède cette aptitude à neutraliser l'adversité qu'elle appelle de la « magie ordinaire ». Cette magie pousse les gens à continuer leur course malgré les circonstances difficiles et à trouver des moyens d'améliorer leur sort.

CHAN, MARTINE, HUGUES ET IGOR... DES GENS COMME VOUS ET MOI

Chan avait très mal aux dents depuis ce matin, mais son mal s'est estompé subitement lorsque sa grand-mère lui a apporté un chaton qui avait besoin de grands soins. Chan s'est occupée de lui et, sans s'en rendre compte, son mal de dents s'est atténué.

Martine a reçu un diagnostic de dépression majeure. Du matin au soir, elle se sentait totalement envahie par une détresse profonde. Par contre, cette détresse lui a fichu la paix lors de la visite de sa malheureuse amie Nicole. Cette dernière lui a confié qu'elle était atteinte d'un cancer du sein. Pendant un moment, Martine a vu son chagrin se transformer en un sentiment d'empathie véritable pour sa copine. Du coup, elle ne se sentait plus seule dans l'océan de la tristesse.

Hugues n'avait pas confiance en lui. Chaque fois qu'il devait parler en public, il voulait se fondre au décor. Pourtant, à la maison et avec ses bons amis, il était plutôt amusant et relativement démonstratif. Lorsqu'il faisait le plaisantin et s'exprimait sans retenue, Hugues ne se préoccupait pas du jugement d'autrui. Il se disait intérieurement : « Les gens m'aiment bien. » En public, il se répétait un tout autre discours : «Je ne suis pas digne d'intérêt. » Alors, il se taisait. Il a compris que ses pensées l'influençaient beaucoup et a appris à les utiliser plus favorablement en public.

Igor prétendait qu'il était alcoolique. En cinquante ans, il avait tenté mille fois de cesser de boire. L'envie d'un « petit verre de plus » semblait plus forte que sa volonté. «Je resterai un pauvre ivrogne le reste de ma vie », se répétait-il. Un membre de son groupe des AA lui posa la question suivante : « Mais, y a-t-il des moments où tu ne consommes pas ? » Igor passa en revue ses journées et remarqua qu'il ne buvait pratiquement jamais du lundi au jeudi, alors qu'il était occupé par le travail. Le membre rétorqua alors : « Comment peux-tu conclure que tu es un ivrogne, alors que tu es sobre la moitié de la semaine ? » Non seulement Igor prit conscience que son problème se limitait à un « alcoolisme de week-end », mais il découvrit aussi que le travail favorisait son abstinence. Il décida de s'engager dans une activité bénévole qui l'occupa le week-end et l'éloigna des bars qu'il avait l'habitude de fréquenter.

Vous savez ce qu'Igor dit aujourd'hui au sujet de son problème d'alcool ? Qu'il lui est possible de rester sobre ! Il a été nommé « bénévole de l'année » au sein de l'organisme pour lequel il travaille assidûment. Il a réagi pour soigner sa dépendance.

.... qqfois; vous faites qq chose de bien.

La magie ordinaire contient le secret de votre mieux-être. Il suffit d'admettre que, parfois, vous faites vraiment quelque chose de bien ! Si vous dites que vous n'y êtes pour rien, c'est faux. Si vous avez tendance à minimiser votre contribution, détrompez-vous, car vous y êtes pour quelque chose !

NE DITES PAS QUE VOUS N'AVEZ RIEN À VOIR LÀ-DEDANS !

Vous connaissez la blague de l'oignon et du saule pleureur ? Sur un terrain, un oignon rencontre un saule pleureur. Horrifié, il lui demande : « Oh ! J'espère que ce n'est pas de ma faute ! »

On peut se sentir coupable inutilement, comme cet oignon. Au contraire, on peut aussi ne pas reconnaître que c'est de notre faute lorsque ça l'est. Une autre histoire raconte qu'à la pause de midi, un homme se plaignait dès qu'il avait déballé son sandwich : « Encore un sandwich au beurre d'arachide ! tempêtait-il. Je déteste le beurre d'arachide ! » Jour après jour, il se lamentait. Ses collègues finirent par être agacés. « Si tu détestes à ce point le beurre d'arachide, lui dit l'un d'entre eux, pourquoi ne demandes-tu pas à ta femme de te faire une autre sorte de sandwich ? » « Comment ça, ma femme ? répliqua l'homme. Je n'ai pas de femme, je prépare moi-même mon sandwich. »

Certains se culpabilisent inutilement, tandis que d'autres se plaignent comme si un problème n'était pas de leur ressort. Qu'est-ce qui est pire ? Il y a aussi des gens qui prétendent qu'ils « n'y sont pour rien » même lorsqu'ils sont heureux. Ils se cachent sous un drap lorsqu'ils se sentent « accusés » de quelques bons coups qu'ils ont commis ! D'autres utilisent la formule « je vis sur un bonheur emprunté » pour justifier que ce n'est pas de leur « faute », ces moments occasionnels étant provoqués par la chance ou le hasard, selon eux.

Même lorsque vous affirmez que les événements heureux sont fortuits, vous y êtes pour quelque chose en réalité. Dans l'exemple suivant, Pétra déclare qu'un événement a été le déclic qui l'a amenée à se prendre en main. Elle n'a rien à y voir, soutient-elle. Et pourtant !

PÉTRA ET SON PETIT ANGE

J'ai connu Pétra lorsqu'elle était étudiante. Elle était brillante, mais sa consommation de drogues rendait la poursuite de ses études désespérément éprouvante. Elle passait ses week-ends à se « geler ». Elle y liquidait tout son argent de poche et y laissait sa dignité. À tout coup, ses bonnes intentions perdaient la bataille contre les « tentations » que lui fournissaient ses mauvaises fréquentations. Elle se présentait à mon bureau le vendredi, blindée derrière sa salade habituelle, puis y revenait le lundi en avouant être encore tombée dans l'excès.

Quinze années plus tard, j'ai revu Pétra. Elle avait réussi ses études et s'était trouvé un bon emploi. Elle était métamorphosée. Lorsque je lui ai demandé comment elle s'y était prise pour se sortir de l'univers de la drogue, elle m'a montré la photo d'un bambin de trois ans au sourire espiègle. « Tu me demandes comment je m'en suis sortie. Grâce à mon fils, je n'ai plus du tout le cœur à me défoncer. »

Pétra croit que son garçon l'a sauvée. Du haut de ses trois ans, ce petit ange est *responsable* de sa guérison. Elle-même n'a rien à voir avec sa réussite. Vraiment? Qu'en pensez-vous? Elle y est pour quelque chose! Comment a-t-elle réagi lorsque le bambin est né? Quel choix a-t-elle fait qui l'a amenée à s'en occuper avec diligence? Comment s'est-elle engagée dans son rôle de mère? Au bout du compte, comment a-t-elle contribué à son propre rétablissement?

Aucun changement ne survient sans que vous y preniez part. Vous y participez parce que vous *profitez* des possibilités qui sont mises sur votre route. Vous en tirez une leçon et vous vous engagez dans une action réparatrice.

Tout est une question de perspective. Lorsque ça va mieux, certaines personnes déclarent qu'elles n'en sont pas responsables. Au contraire, si les choses se gâtent, elles affirment qu'elles sont coupables. Les gens pessimistes ont tendance à s'approprier ainsi leurs échecs et considèrent que s'ils réussissent, c'est de la « faute » des autres. Les gens optimistes, eux, se disent qu'ils méritent leur bonne fortune, mais que leurs erreurs sont accidentelles. Dans d'autres circonstances, ils feront mieux. Soyons comme les gens optimistes!

Apprenez à reconnaître vos succès et à les mettre sur votre compte. Même si vous échouez dans certaines sphères, vous réussissez dans d'autres secteurs. Rappelez-vous qu'il y a toujours des exceptions à vos problèmes. Ceux-ci ne sont pas constamment présents. Il y a des fois où vous réussissez à prendre des vacances de vos tracas, à exploiter favorablement vos talents et vos qualités. Vous avez le droit de vous montrer sous votre meilleur jour. Le prochain truc vous y encourage!

À vous de jouer

Recherchez les exceptions dans votre quotidien

Passez en revuc vos journées et repérez les moments où les difficultés vous donnent un peu de répit; les bons moments ou les «*moins* pires». Par exemple, songez aux moments où vous êtes plus serein, plus aimant, plus calme, plus en paix, mieux dans votre peau, mieux avec les autres. Décomposez ces moments de manière à découvrir *comment* vous vous y prenez.

Examinez minutieusement un moment particulier où vous avez ressenti une légère différence de votre état d'esprit, un sentiment de satisfaction spontanée. Ce moment révélera certaines ressources que vous possédez. Par ce moyen, vous «reconditionnez» positivement votre cerveau.

Soit dit en passant, vous n'avez pas à vous demander *pourquoi* vous êtes libéré de vos préoccupations, mais *comment* vous y réussissez. La différence est capitale. Il est beaucoup plus simple de remarquer comment vous vous comportez que de chercher à connaître les *raisons* pour lesquelles vous le faites. Observez ce qui se passe lors de ces moments, la manière dont vous réagissez et les décisions que vous prenez.

Si vous avez le sentiment de ne pas produire vous-même de la magie ordinaire, constatez comment votre environnement y contribue. Quelles sont les activités qui vous aident à prendre un congé de problème, les lieux dans lesquels vous vous retrouvez, les ressources qui se révèlent salutaires, les gens qui vous font du bien? Profitez au maximum de ceux-ci!

TRUC 4

Vous avez le droit de vous trouver bon

Vous pouvez sauter à pieds joints sur un moment d'exception, l'explorer à fond et trouver des circonstances pour le générer davantage. Mais pensez-vous que le tour est joué ? Prenons l'exemple de Simon.

SIMON, LE TROP MODESTE

Simon a déniché un domaine où il se sent compétent. C'est un excellent escrimeur. Au cours des tournois, qu'il remporte sans difficulté, il adopte un comportement compétitif et s'affirme élégamment devant chacun de ses adversaires. Il combat avec aplomb, possède une grande intelligence du jeu et connaît l'art d'accéder à la victoire à tout coup. Le hic, c'est qu'il n'en montre rien ailleurs !

Sur le plan professionnel, notamment, il y a un écart énorme entre cette image de sportif accompli et son manque de confiance persistant. Depuis sept ans, il fait un bon boulot auquel ses patrons sont sensibles, mais il tremble encore à l'idée de demander une promotion bien méritée.

Ces deux sphères de sa vie sont tellement hermétiques que Simon est absolument incapable de mettre à profit l'audace dont il fait preuve en escrime lorsqu'il est au travail. Le plus ahurissant, c'est que, lorsque ses compagnons de bureau lui demandent de raconter ses exploits sportifs, il n'est pas fichu d'en tirer un peu d'orgueil. Il préfère les minimiser comme il préfère taire ses mérites professionnels auprès de ses supérieurs.

Simon éprouve tant de mal à parler des qualités qu'il possède ! Sa difficulté repose sur une croyance populaire : il est malvenu de faire l'éloge de ses propres aptitudes. C'est, paraît-il, prétentieux et de mauvais goût.

Démystifions une chose…

On a le droit de se montrer sous son meilleur jour.

N'empêche que si vous prêtez attention à vos mérites et que vous vous reprochez ensuite de le faire, vous n'êtes pas plus avancé. Le danger, c'est de vous sentir *coupable*. Pourtant, non seulement vous avez le droit de jouir de vos réussites, mais vous vous faites du bien en agissant ainsi. L'outil le plus puissant pour dépasser vos difficultés est de miser sur vos réussites, de trouver ce qui vous procure de la satisfaction et ce qui vous fait vous sentir une meilleure personne. Vous « trouver bon » avec honnêteté et lucidité, voilà le levier le plus sûr pour une amélioration durable.

Si vous avez de la difficulté à vous trouver bon, je vous invite à répondre honnêtement aux questions suivantes en tentant de vous mettre en valeur sans censure :

- Qu'est-ce que je fais bien ?
- Dans quel domaine ai-je du talent ?
- Quelles expériences de vie exceptionnelles ai-je vécues ?
- Comment est-ce que je réussis à tenir le coup lorsque la vie n'est pas facile ?
- Que disent mes amis sur ce qu'ils aiment de moi ?

de jouer de la musique, sortie dépression

- De quoi suis-je fier ? mes enfants, mon chum, mon père
- Quelles sont les qualités qui me rendent unique ?

sourire, bonne humeur, aide - entraide, responsable, organisée

Vous pouvez répondre à ces questions dans un petit carnet, que vous pourrez consulter dans les moments difficiles. Vous pouvez aussi pousser plus loin l'exercice en demandant à votre entourage ce qu'ils pensent de vos qualités et noter leurs commentaires.

L'ART DE SE COMPLIMENTER

Une religieuse franciscaine nommée Helen Mrosla raconte une histoire vraie et touchante qui s'est passée alors qu'elle enseignait à l'école élémentaire Sainte-Marie du Minnesota. Mark Eklund était un garçon sympathique, dit-elle, mais il avait un comportement irritant dont tous les autres écoliers se plaignaient. Il lui était impossible de rester calme en classe. Un jour, sœur Helen demanda aux élèves de la classe d'écrire le compliment le plus agréable qu'ils pouvaient dire sur chacun d'eux. Ensuite, chaque élève recevait le bout de papier sur lequel les compliments le concernant étaient notés. Des années plus tard, l'enseignante apprit avec tristesse que Mark Eklund était mort au Vietnam et se rendit à ses obsèques. À cette occasion, la famille de Mark lui montra le morceau de papier contenant les remarques gentilles écrites par les autres élèves. Ce bout de papier, usé à la corde, se trouvait dans la poche du pantalon de Mark le jour où il est mort. Sœur Helen a alors découvert que d'autres élèves avaient conservé leur bout de papier. Elle sut combien cet exercice anodin avait été important dans la vie de chacun d'eux.

Un compliment est un cadeau pour la vie.

Cet exercice a été repris dans plusieurs écoles. En entreprise, il est proposé comme activité de consolidation des équipes. Il peut être instauré comme une nouvelle tradition qui encourage les gens à relater leurs succès dans une réunion ; on peut également mettre à l'ordre du jour les « bonnes nouvelles » que l'on désire célébrer.

Dernièrement, j'ai suggéré cette activité à une famille recomposée de sept enfants dont les défis semblaient insurmontables. Même les plus turbulents et les moins âgés ont reçu un compliment. La famille a ensuite reproduit la liste des compliments sur un tableau. À l'occasion, elle utilise les qualités des uns et des autres pour mieux gérer les mésententes. Par exemple, Joey, qui a 10 ans, est hyperactif, mais grâce à sa spontanéité, il trouve des solutions brillantes et expéditives aux crises ponctuelles. Benjamin, âgé de huit ans, est batailleur, mais il se surpasse en excuses sincères. À six ans, Anita est réservée et sage ; lorsqu'un conflit éclate, elle agit comme médiatrice et aide les rivaux à faire la paix. Gabriel, lui, a trois ans. Vous le devinez, il est le maître zen de l'adoucissement des humeurs ; à regarder son sourire angélique et ses yeux charmeurs, on perd toute envie de se quereller !

Chacun peut avoir à l'esprit ses talents et se dire « Bravo ! » plutôt que de se culpabiliser. Les compliments agissent sur le corps. Ils créent le même effet bénéfique qu'une émotion positive provoquée par un événement heureux : ils activent les régions du cerveau responsables de la production d'hormones du bien-être.

L'ÉLOGE REMONTE LE MORAL

Simon le trop modeste se défend vivement devant un éloge. Il en « profite » même pour se dénigrer un peu plus. Faites-vous comme lui ? Vous abstenez-vous de louer ouvertement vos succès ou les savourez-vous plutôt à leur juste valeur ?

De rares personnes craignent qu'une mauvaise intention soit cachée derrière chaque mot gentil et s'en méfient. D'autres ne peuvent tolérer un compliment et trouvent mille et une raisons de se déprécier. Seulement, le soir venu, à l'abri des regards, certains d'entre eux s'autorisent à profiter de son effet bénéfique.

Pour la plupart, néanmoins, un compliment sincère procure un sentiment de fierté et de satisfaction. Il donne des ailes et

Semez des mots gentils à tous vents !

remonte le moral puisqu'il leur rappelle les forces qu'ils possèdent. Suivez le conseil de l'auteur et conférencier canadien Fletcher Peacock : arrosez les fleurs, pas les mauvaises herbes !

Mieux vaut se féliciter que d'alimenter les reproches qui poussent comme du chiendent. Même un échec peut être vu comme une tentative pour trouver une solution. C'est ce qu'admettait Thomas Edison, qui a vécu maints échecs avant d'inventer l'ampoule électrique. À son avis, il n'avait pas échoué tout ce temps-là : il avait trouvé 10 000 façons qui ne fonctionnaient pas, mais, déclarait-il, chacune de ces tentatives était un pas en avant vers la réussite.

Si vous n'avez pas encore réussi un projet, vous pouvez vous dire que vous êtes sur la *bonne piste*, plutôt que de vous reprocher de n'être pas rendu à destination. Si les solutions que vous avez essayées n'ont pas résolu vos difficultés, vous pouvez reconnaître que vous avez au moins eu le courage de les mettre à l'essai ! Ces démarches ne sont pas des chemins sans issue, elles mènent à votre but, même si ce n'est pas directement. Vous n'avez pas renoncé, c'est déjà quelque chose de bien ! Quoique vous puissiez percevoir le contraire, vous faites face à la musique. Plus la situation est rude et paraît insurmontable, plus vous pouvez vous féliciter d'avoir réussi l'exploit qui consiste à « faire de votre mieux ».

L'extraordinaire Marco

Marco est un professionnel qui s'occupe des personnes avec un handicap physique ayant besoin d'assistance. Il travaille dans mon établissement. Cet après-midi, il a laissé un message dans ma boîte vocale : « Merveilleuse Lucie, j'aimerais bien que vous me rappeliez au sujet de votre étudiante qui a un problème auditif. Le plan que vous proposez est tout simplement formidable ! Vous avez vraiment du flair pour aider les gens ! »

Honnêtement, je n'ai rien fait de spécial. Je me suis engagée à discuter avec cette étudiante pour connaître ses limitations et j'ai promis de m'y adapter. Mais Marco a le don de semer du merveilleux dans chaque conversation. Immanquablement, il relève le côté *extraordinaire* des personnes et des événements. Il ne manque pas une occasion de nous aborder avec enthousiasme : « C'est incroyable ! Quelle discussion instructive ! » On se laisse prendre au jeu. Soudainement, la journée s'illumine.

Inspirée par Marco, dorénavant, je profite des occasions qui me sont offertes pour adresser un compliment à mes clients : « Quelle bonne idée de prendre du temps pour vous ! », « Vous avez toutes les qualités nécessaires pour relever ce défi ! »

TROUVEZ LES AUTRES BONS ET LAISSEZ LES AUTRES VOUS TROUVER BON

D'accord, nous ne possédons pas *tous* les talents qui nous permettent de surmonter *toutes* les épreuves. Il y a des gens qui s'en sortent mieux que nous. On peut les trouver bons et s'inspirer des aptitudes qu'ils possèdent.

Il y a quelque chose de formidable au sujet des forces, des talents et des qualités : ils sont répartis de manière relativement égale entre les gens. Certains possèdent des qualités que d'autres n'ont assurément pas. En retour, ces derniers ont des talents uniques, dans des domaines où ils passent pour des maîtres. Certains individus vraiment détestables au travail sont de merveilleux parents à la maison. D'autres, moins gâtés sur le plan de la beauté, affichent une modestie qui leur confère un charme irrésistible. D'autres encore, peu performants dans les sports, ont une personnalité si attachante !

L'univers est un vaste réseau de ressources distribuées à droite et à gauche. Il s'agit de savoir en profiter. Lorsqu'on se sent à bout de moyens, on peut penser à des gens qui s'en sortiraient mieux devant une difficulté semblable et s'en inspirer.

Les parents du détestable Florent

Judith et Antoine ont un enfant unique, Florent. En consultation, ils racontent la misère que leur donne cet enfant de cinq ans, qui n'en fait qu'à sa tête au moment des repas. Il agit encore comme un tout-petit et jette par terre les aliments qui ne lui plaisent pas. Lorsque Florent réagit, ses parents s'en inquiètent sur-le-champ. Au bout de longues minutes d'argumentation et après plusieurs tentatives de le convaincre que « les légumes sont bons pour sa santé », ils se résignent et Florent obtient ce qu'il désire : un dessert. Ils ne savent pas comment s'y prendre pour qu'il accepte de manger les bons aliments qu'ils lui donnent.

Ils réfléchissent à une famille qui se débrouille bien à l'heure des repas. Leurs amis Marc et Sylvie ont quatre enfants et aucun ne se comporte comme Florent à table. Comment ceux-ci s'y prennent-ils ? Simplement, ils ne portent pas attention aux caprices de l'un ou de l'autre et leurs plaintes cessent d'elles-mêmes.

En s'inspirant de leurs amis, Judith et Antoine ont découvert des procédés plus efficaces pour encourager leur enfant à se comporter convenablement à table. Quelles personnes de votre entourage possèdent des aptitudes qui semblent faire défaut chez vous ? N'hésitez pas à les observer ou à leur demander comment elles les mettent à profit et imitez-les.

À d'autres occasions, c'est vous qui êtes la référence pour autrui. Néanmoins, vos ressources peuvent ne pas apparaître de façon évidente à vos yeux.

Qu'est-ce qu'une personne dirait des forces que vous possédez?

Par exemple, Suzanne est une infirmière qui travaille au sein d'une équipe multidisciplinaire. Elle a tendance à prendre peu de place dans un groupe et intervient seulement lorsque c'est nécessaire. Elle s'avoue timide et croit que les autres n'aiment pas cette timidité. Mais, si vous demandez l'avis des membres de son équipe, ils vous diront qu'elle est une participante exemplaire, attentive aux autres, calme et posée. Et comme ils souhaiteraient posséder son sens de la répartie ! Ses collègues perçoivent les qualités qui font de Suzanne une bonne coéquipière.

En général, les autres n'ont qu'une perception partielle de vous, puisqu'ils ont accès à des facettes de votre personnalité et de votre expérience. Cependant, ils savent parfois mieux reconnaître vos aptitudes que vous-même, *surtout* si vous avez tendance à vous déprécier.

CHERCHEZ ET VOUS TROUVEREZ OÙ SE CACHENT VOS RESSOURCES

Nos forces peuvent ne pas se révéler manifestement à nos yeux. Elles peuvent rester cachées sous des difficultés apparentes. Comme Suzanne, on voit un vilain défaut là où d'autres ne voient que de belles qualités. Aussi, à vivre des difficultés jour après jour, des personnes peuvent avoir du mal à se convaincre qu'elles ont encore une valeur personnelle. Elles ont le sentiment de n'être plus rien. L'analogie qui suit peut les rassurer.

Un présentateur tenant bien haut un billet de 50 dollars posa cette question aux gens autour de lui : « Qui d'entre vous aimerait avoir ce billet ? » Les mains se levèrent rapidement. « Je vais donner ce billet de 50 dollars à l'un de vous, dit-il, mais avant, laissez-moi faire quelque chose. » Il chiffonna le billet, puis il demanda : « Qui veut toujours ce billet ? » Les mains restèrent levées. « Bon, d'accord, mais que se passera-t-il si je fais ceci ? » Il jeta le billet froissé par terre et sauta à pieds joints dessus, l'écrasant autant que possible. « Qui veut encore avoir ce billet ? » demanda-t-il une fois de plus. Évidemment, les mains demeurèrent levées. Puis, il conclut: « Peu importe ce que je fais avec ce billet, vous le voulez toujours parce que sa valeur n'a pas changé: il vaut toujours 50 dollars. Alors, pensez que, plusieurs fois dans votre vie, vous serez froissé, rejeté et écrasé par les gens ou par les événements. Vous aurez l'impression que vous ne valez plus rien, mais, en réalité, votre valeur n'aura pas changé! »

Le temps et les difficultés peuvent briser vos illusions. Mais vous pouvez continuer de croire que…

votre valeur personnelle résiste au temps!

Certaines forces restent intactes. Suivez les traces de cette dame qui, à la veille d'être octogénaire, disait candidement qu'elle se trouvait encore belle et vive d'esprit. Et, croyez-moi, elle avait raison. Le temps n'avait pas creusé tant de rides sur son visage. Son sourire était malicieux et ses yeux d'un bleu clair avaient préservé une beauté intemporelle. Tous les matins, elle se rendait encore à son commerce pour servir ses fidèles clients. Quelle leçon pour ceux qui ont un peu plus de la moitié de son âge et qui s'attardent sur leur peau qui s'amincit, leur corps qui se fripe et leur mémoire qui oublie!

Découvrez des ressources insoupçonnées ensevelies sous vos problèmes.

Tous les problèmes cachent des ressources, mais nous avons tendance à ne voir que les problèmes. Nous nous arrêtons sur l'apparence du billet de 50 dollars, et nous oublions de considérer sa valeur qui, elle, reste intacte.

De véritables perles sont cachées à l'intérieur des huîtres qui n'en laissent rien paraître. La vie se charge parfois de révéler ces joyaux. Par exemple, dans le film américano-britannique *Brothers* (en français *Frères*), Sam l'enfant prodige part à la guerre, puis il est porté disparu et présumé mort. Pendant son absence, son frère Tommy, tout juste sorti de prison, s'occupe de sa famille. Contre toute attente, Tommy révèle sa sensibilité et sa détermination. Lorsque Sam est enfin retrouvé et proclamé « héros de guerre », c'est Tommy qui le sauve de la détresse innommable dans laquelle les combats l'ont plongé.

Certains problèmes, dont on se plaint avec raison, camouflent les qualités humaines les plus incroyables. Par exemple, si une personne manifeste une dépendance affective, il est à parier qu'elle possède une capacité de pardonner et d'être à l'écoute qui n'a d'égale que sa difficulté à s'affirmer en présence de l'être aimé. Une personne anxieuse, qui a tendance à s'en faire pour des riens, pourra se montrer une organisatrice très habile qui sait éviter les imprévus. Un travailleur très performant qui vit comme une tare l'épuisement professionnel dont il souffre, se rétablira plus facilement s'il garde à l'esprit le courage dont il a fait preuve durant sa carrière. Je vous mets au défi de découvrir les ressources dont vous ne soupçonnez pas encore l'existence, car elles sont cachées sous vos problèmes. Reconnaissez leur valeur et leur utilité.

À l'inverse, il est possible que certaines ressources bénéfiques soient devenues un véritable problème.

JACOB, L'INSOMNIAQUE

Jacob se rappelle les nuits blanches de son enfance à guetter le retour de son beau-père. Lorsque ce dernier rentrait à la maison, ivre mort, il se dirigeait vers les chambres et battait sa conjointe et ses enfants. Jacob réussissait néanmoins à rester éveillé pour entendre le bruit de ses pas. Alors, il se cachait sous le lit ou dans un placard. Il évitait ainsi de se faire traîner par les cheveux jusqu'à la cuisine et de prendre toute une volée. Pour rester alerte, il révisait ses leçons jusqu'à les apprendre par cœur. Il pouvait relire 100 fois ses livres d'école avant de sombrer dans le sommeil.

Sa capacité à garder l'œil ouvert et ses aptitudes intellectuelles lui ont été profitables. En plus d'y avoir échappé belle à la maison, il a excellé à l'école. Plus tard, il est devenu un brillant journaliste. Lorsque le quotidien pour lequel il travaillait lui commandait un article pour «hier», Jacob pouvait rester debout jusqu'aux «petites heures du matin». Le jour où sa conjointe a accouché de leur premier enfant en pleine nuit, il était fier de l'accompagner sans éprouver la moindre fatigue. Les premiers mois de la naissance, il se levait régulièrement pour s'occuper du bébé, sans négliger le moindrement son travail.

Mais, voilà où s'arrêtent les bénéfices de son hypervigilance. Aujourd'hui, il souhaiterait être capable de s'abandonner au repos en toute quiétude et dormir à poings fermés, sans craindre le pire. Mais il n'y arrive plus.

Les psychiatres français Jacques-Antoine Malarewicz et Jean Godin expliquent qu'un problème peut dissimuler une force qui était utile autrefois, mais qui est devenue vaine. Une aptitude salutaire peut avoir servi à soustraire une personne d'une menace, mais si elle continue à y avoir recours encore et encore, cette aptitude devient un *pattern* rigide et inapproprié. C'est le cas de Jacob qui souffre d'insomnie. Aujourd'hui, sa difficulté à s'endormir est un véritable problème, alors que jadis, à maintes reprises, elle l'a tiré d'embarras. La force de caractère de Jacob l'a protégé des agressions de son beau-père, mais elle l'empêche maintenant de dormir d'un sommeil réparateur.

Il est étonnant de constater que plusieurs difficultés personnelles découlent de ressources qui ont été utiles autrefois. On a appris à être responsable, débrouillard, autonome. On est devenu hyperperformant, hypervigilant, hyperaltruiste, hyperdocile. Vous pouvez reconnaître l'utilité qu'ont eue de telles aptitudes, vous féliciter de les avoir exploitées en temps opportun et découvrir les occasions où elles sont encore indispensables. Mais, là où elles s'avèrent futiles, il vaut mieux les remplacer par des dispositions plus ajustées à votre vie d'adulte.

AU-DELÀ DE VOS LIMITES, VOUS POSSÉDEZ DES FORCES

Vous possédez déjà ce qu'il vous faut pour être pleinement heureux. Vos forces peuvent être enfouies sous des limites qui se sont construites au fil du temps, mais elles sont encore accessibles. Jacob peut retrouver sa capacité à bien dormir puisqu'il la possédait avant que son beau-père arrive dans sa vie. Un jour ou l'autre, il a fait preuve d'un fonctionnement adéquat. Par conséquent, personne n'a à lui enseigner, il s'agit pour lui d'en reprendre possession.

Le psychiatre Milton Erickson soutenait que nos ressources peuvent rester longtemps enfermées dans notre inconscient dont on ne se permet plus l'usage. L'inconscient, cette bête méconnue, est un réservoir de ressources qu'il est possible de redécouvrir et de cultiver.

L'histoire suivante illustre bien ce propos. Un homme avait installé une pancarte sur laquelle on pouvait lire: *Chiots à vendre.* Bientôt, un petit garçon fut attiré par l'annonce et sonna à la porte. Il demanda à quel prix étaient vendus les chiots. L'homme répondit qu'ils étaient chacun 30 dollars. Le petit garçon sortit de la monnaie de sa poche. Il n'avait que 2 dollars et 37 cents. Il demanda s'il pouvait tout de même les regarder. L'homme siffla et sa chienne courut vers lui, suivie de cinq chiots. L'un des petits se tenait loin derrière, car il boitait. Immédiatement, le garçon demanda de quoi souffrait l'animal. L'homme expliqua que le chiot avait une malformation de la hanche et qu'il boiterait pour le restant de sa vie. « C'est le chiot que je veux acheter ! » s'exclama le garçon tout enthousiaste. L'homme rétorqua qu'il ne pouvait pas acheter ce petit chien. « Si tu le veux vraiment, dit-il, je te le donne. » Le petit garçon devint bouleversé. Il regarda l'homme droit dans les yeux et dit: « Je ne veux pas que vous me le donniez. Il vaut autant que les autres chiens et je vous paierai le prix fort. En fait, je vous donnerai 2 dollars et 37 cents maintenant et 50 cents chaque mois jusqu'à ce que j'aie fini de le payer. » L'homme répéta qu'il ne devrait pas acheter ce petit chien, car il ne serait jamais capable de courir, de sauter ni de jouer. Il lui suggéra de choisir un autre chiot. Alors, le garçon se pencha pour monter le bas de son pantalon et montra une jambe malade soutenue par une grande tige de métal. Il regarda l'homme et dit: «Je ne cours pas très bien et le petit chiot aura besoin de quelqu'un qui le comprend.» L'homme se sentit très mal et souhaita que chacun de ses chiots puisse trouver un propriétaire aussi bien assorti et attentionné.

Bien des enfants nous enseignent à regarder au-delà des préjugés. Ils ont la ferveur de leur naïveté et le courage de leur innocence.

Chacun de nous possède des limites qui recèlent des forces. À vous de découvrir les vôtres! En quoi ces forces peuvent-elles être utiles dans des sphères où vous éprouvez des difficultés? La formatrice québécoise Josée Lamarre donnait l'exemple d'un homme qui avait du mal à s'affirmer avec sa conjointe, mais qui maniait sa planche à voile dans les vents les plus violents. Il utilisa ses aptitudes à ne pas se faire renverser par les vents pour s'affirmer avec sa conjointe. Il est curieux, déplorait-elle, que les gens ne fassent pas facilement le lien entre certaines ressources évidentes qu'ils possèdent et leurs difficultés. Ils ont plutôt tendance à séparer les domaines de leur vie; ils peuvent se voir compétents dans un domaine et inaptes dans un autre.

Pour sa part, Simon a finalement décidé d'utiliser son adresse d'escrimeur dans les négociations salariales qu'il a entamées avec ses patrons. D'autres mettront à profit leur sens de l'organisation au travail pour faire de l'ordre dans leur vie amoureuse. Certains encore s'inspireront de leur sens de l'innovation pour relever le défi que représente la vie en famille recomposée.

Autrefois, l'enseignement religieux nous dictait de travailler nos faiblesses pour devenir une meilleure personne.

Cultivez vos forces...

et vous arriverez au même résultat! Et c'est plus agréable, non? Plus vous reconnaissez vos ressources et améliorez la perception de vous-même, plus vous vous sentirez fort devant l'adversité.

Les enfants, notamment, s'épanouissent lorsqu'on leur fait remarquer leurs talents plutôt que leurs lacunes.

Plongez dans le puits sans fond de votre potentiel !

Parfois, il convient de ne rien faire de plus que ce que l'on fait déjà bien. Et le faire davantage ; encore et encore. Cela est possible, car notre potentiel est illimité.

En vérité, il n'est pas nécessaire de faire de grands efforts pour s'améliorer. Le poète soufi Rumi, considéré comme l'un des grands mystiques persans du XIIIe siècle, suggérait de se laisser être silencieusement attiré par ce que l'on aime. Vos forces et vos passions vous habitent. Inutile de les chercher, elles vous trouveront ! En prenant soin de ne pas tomber dans l'excès, abandonnez-vous à vos passions !

À vous de jouer

24 façons de vous trouver « bon » !

Voici un exercice simple pour vous aider à cerner vos qualités. Prenez connaissance de la liste proposée par les professeurs et auteurs américains Christopher Peterson et Martin Seligman. Parmi les forces qui y figurent, identifiez celle qui vous caractérise le plus ou celle que les autres reconnaissent en vous.

- Être créatif, mettre de l'avant de nouvelles façons de penser et de faire les choses.
- Être curieux, trouver de l'intérêt à toute expérience en elle-même, aimer découvrir.
- Être ouvert d'esprit, considérer les choses sous différents angles, être nuancé.
- Aimer apprendre, aimer pousser plus loin ses connaissances et ses habiletés.

- Agir avec discernement, utiliser son « bon sens », faire preuve de jugement.
- Être brave, ne pas reculer devant la peur, la douleur ou l'opposition.
- Être persévérant, terminer ce que l'on a commencé, persister malgré les difficultés.
- Être authentique, se présenter de façon vraie, agir de manière sincère et intègre.
- Être enthousiaste, vivre la vie comme une aventure, se sentir vivant et avoir de l'entrain.
- Aimer, apprécier les gens et être proche d'eux.
- Être bienveillant, aider les autres, en prendre soin, être gentil, éprouver de la compassion.
- Être intelligent sur le plan émotionnel, être conscient de ses émotions et de celles des autres.
- Être responsable, s'engager envers les autres et dans des activités.
- Être honnête, dire la vérité, agir franchement et donner à chacun sa chance.
- Avoir du leadership, utiliser ses talents pour encourager les autres et diriger un groupe.
- Pardonner et être indulgent, accepter ses propres limites et celles d'autrui.
- Être humble, éviter d'agir par orgueil et faire preuve de considération par rapport à autrui.
- Être prudent, réfléchir à la portée et aux conséquences de ses choix et de ses actes.
- S'autoréguler, réfléchir à ses actions et en tirer des leçons, se maîtriser.
- Apprécier la beauté des choses et le dépassement sur les plans physique, intellectuel, personnel ou social.
- Éprouver de la gratitude, manifester de la reconnaissance envers autrui et la vie.

- Porter de l'espoir, croire en un futur meilleur et agir avec optimisme.
- Avoir de l'humour, ne pas se prendre au sérieux, sourire, rire, plaisanter et s'amuser.
- Donner un sens à sa vie, agir en fonction de ses valeurs et de ses aspirations profondes.

Quelle est la principale force qui vous caractérise ? Dans quel contexte utilisez-vous cette force ?

Identifiez maintenant une difficulté dans votre quotidien. Comment cette force peut-elle vous aider à la surmonter ? Par exemple, si vous faites preuve de créativité dans votre travail, cette force peut vous aider à trouver des solutions originales pour dépasser les obstacles à la maison. Si vous possédez un bon sens de l'humour, vous pouvez utiliser cette qualité pour dénouer un conflit avec un voisin ; votre capacité à pardonner peut vous amener à vous réconcilier avec un collègue ; votre ouverture d'esprit peut vous permettre d'accepter plus facilement les aléas de la vie…

TRUC 5

Voyez plus loin que le bout de votre nez

Vous connaissez certainement l'expression « Ne pas voir plus loin que le bout de son nez ». Apparue vers la fin du XVIe siècle, cette formule signifiait que quelqu'un manquait de clairvoyance. Le nez symbolisait une distance courte, au sens de « prévision ». Eh bien, il arrive des moments où il faut justement voir « plus loin que son nez » et envisager les événements sur du long terme.

Est-il bon de toujours vivre intensément ? Non ! Parfois, il est préférable de ne pas trop s'attarder aux minutes qui passent. Je dirais même qu'il est occasionnellement mieux d'avoir l'esprit ailleurs et de se moquer du moment présent. Lorsqu'un jour est le pire de votre vie, le mieux à faire est de penser à « demain » ou à « hier » et de vous accrocher aux événements heureux et réconfortants.

Cette aptitude à prendre du recul est bienfaisante lorsqu'on vit un cauchemar qui se matérialise. Est-ce que cela vous est déjà arrivé ? Vous souhaitiez que ce ne soit qu'un mauvais rêve, mais c'était bel et bien réel ? De tels moments surviennent une ou deux fois dans notre vie. Une ou deux fois de trop ! Vous le savez si vous avez vécu la mort d'un proche ou l'annonce d'une maladie grave, si vous avez commis une erreur irrécupérable ou subi un échec catastrophique.

Certains événements sont plus éprouvants que d'autres et empêchent les gens d'avoir accès à leurs ressources ou de croire qu'ils s'en sortiront un jour. Alors, ils se dégonflent devant l'adversité comme un ballon vidé de son air. Pour eux, il est hors de question de « rebondir ». Dans ces cas-là, il faut prendre son mal en patience et attendre vaillamment.

DELPHINE, L'ENDEUILLÉE

Delphine s'est complètement effondrée quelques mois après l'enterrement de son mari. Au début, lorsqu'elle a appris le décès par suicide de son conjoint, elle a « encaissé » la nouvelle et s'est montrée forte. Elle ne voulait pas que ses enfants soient dévastés par la situation. Elle voulait les « protéger » contre une détresse plus grande que nature qui frappe les familles survivantes d'un suicide. Elle les a consolés et leur a expliqué la situation avec un amour « raisonnable ». Elle a ensuite organisé les funérailles.

Delphine a vécu les mois qui ont suivi le décès dans un état d'engourdissement. Puis, de trop puissantes émotions ont eu raison de sa fragile condition. Une peine innommable l'a submergée. Le poids de la culpabilité s'est lourdement emparé d'elle. Son médecin lui a prescrit un congé de maladie, qu'elle a adouci avec des somnifères et des antidépresseurs. Chaque matin lui semblait un enfer qui la réveillait à coups de souvenirs douloureux. Certains jours, elle se disait qu'il vaudrait mieux en finir.

Ses proches et ses amis la visitaient et tentaient de l'extirper de son marasme, de sauver le petit bout d'elle-même qui restait vivant. À tour de rôle, ils lui lançaient : « Reprends-toi en main, Delphine ! » Pourtant, il était inutile de lui faire la leçon. Le temps devait faire son œuvre.

Même lorsqu'une personne ne vit pas de grande tragédie, elle peut se sentir à plat. Elle peut traverser une période noire qui s'éternise. Le mieux pour elle alors, c'est de s'armer de patience et de se dire que les difficultés finiront par s'estomper. Elle peut traverser ce moment pénible en visualisant un futur qui sera inévitablement plus satisfaisant et réaliste.

Telle une roue de fortune, tout ce qui descend finit par remonter. Un jour, on est tout en bas, mais cet état est passager. La roue de la Fortune continue de tourner et, à un moment donné, on se trouve de nouveau « au-dessus » de ses difficultés, plus fort qu'elles. Alors, elles paraissent relatives, laissant l'espoir renaître. Telle est la vie ; un processus de changement continuel où se succèdent des moments de clarté et des moments de noirceur. Des moments heureux et d'autres moins heureux.

Tout finit par passer.

Voici une petite légende pour illustrer ce phénomène. Un homme, littéralement rongé par l'inquiétude, avait peur de tout, surtout de la maladie et de la mort. Un jour, il entendit parler d'une bague enchantée qui avait le pouvoir surnaturel de réjouir l'affligé ou de peiner celui qui était heureux. Comme l'homme était très riche, il acheta la bague. Le vendeur lui ordonna de la porter à son doigt immédiatement et de n'utiliser le secret de la bague, dissimulé sous le chaton, que lorsqu'il serait désespéré. Plusieurs années après, lorsque sa femme mourut et que ses fils l'abandonnèrent pour une question d'héritage, il se sentit très affecté. Soudain, il se souvint de la bague ; il la retira de son doigt et lut ce qui y était gravé : « Ceci passera aussi ! »

Lorsque vous vivez un moment très difficile, préparez-vous à ce que les choses soient bientôt autrement, car, de toute évidence, cela ne sera pas toujours du « pareil au même ».

ZOOMEZ VOTRE EXPÉRIENCE GRÂCE AU GPS PSYCHOLOGIQUE

Revenons à l'idée de « voir plus loin que le bout de son nez ». Cette idée est en quelque sorte aux antipodes des croyances orientales qui, elles, suggèrent de s'arrêter au moment présent. Ces croyances ont influencé jusqu'à un certain point (certainement pas suffisamment) nos manières occidentales de vivre. Alors qu'ils avaient l'habitude d'être « toujours deux pas en avant », bien des Occidentaux ont réussi à ralentir leur rythme grâce à cette « nouvelle » philosophie et à privilégier un meilleur équilibre de vie. Toutefois, plusieurs de nos contemporains continuent de courir à fond de train, épuisés par les millions de tâches à accomplir.

Pourquoi courons-nous ? Pourquoi cherchons-nous tant à faire des millions de choses en une seule journée ? Parce que nous avons une perception extensible du temps. On croit à tort qu'on peut l'« étirer » tant qu'il est possible de le faire. Le temps est une notion abstraite, alors on en fait ce que l'on veut. On l'exploite au maximum, pendant que les minutes passent et ne reviennent jamais. De son côté, le temps nous joue des tours, car plus on vieillit, plus l'existence semble se consumer rapidement.

Or, nous pouvons utiliser notre perception que le temps est extensible à notre profit. De fait, nous pouvons nous en servir pour affaiblir le pouvoir de nos problèmes. Par exemple, nous pouvons nous dégager, du moins partiellement, d'une douleur physique intolérable en pensant qu'elle cessera au bout de quelques heures. Une erreur peut nous paraître dramatique, mais lorsqu'on s'imagine très vieux portant un sac de souvenirs lointains, elle ne semble plus si fatale.

Lorsqu'une personne adopte une perspective différente et qu'elle prend une distance par rapport à ce qui se passe à l'instant, les choses deviennent toutes relatives. Une cliente me rapportait combien elle se sentait vide après sa séparation. Elle vivait un grand sentiment d'impuissance. L'homme qu'elle aimait l'avait quittée. Elle ne voyait pas comment retrouver le sens de sa vie ni sa bonne humeur habituelle. Cet état dura un certain temps, mais plus tard, elle découvrit que sa séparation lui apportait aussi des bénéfices : elle lui laissait plus de temps libre, lui donnait le sentiment de décider de sa vie et la possibilité de repartir à neuf.

Prenez une distance pour relativiser les choses.

Un truc permet de prendre une distance par rapport à nos difficultés : le « GPS psychologique ». Imaginez que chacun possède un appareil comme celui que l'on retrouve dans les voitures ; il peut manipuler le zoom de manière à s'approcher de sa réalité, en temps opportun, et s'en éloigner lorsque son expérience de la réalité est insupportable.

À bord de sa voiture, lorsqu'on utilise le zoom arrière de son GPS, une ville est réduite soudainement à un petit point sur la carte géographique. Si on l'éloigne davantage, on la perd de vue. De même, symboliquement, il est possible d'utiliser la fonction « éloignement » de son GPS psychologique afin de se libérer temporairement du présent. Le présent devient alors un minuscule point entre le passé et le futur. De trop pénibles souffrances paraissent ainsi plus légères lorsqu'on considère l'immensité de la vie qui se dessine devant nous.

MALGRÉ LES PIRES SITUATIONS, RÉALISEZ LES MEILLEURS DESTINS

Laissez-moi vous relater un autre récit qui parle de notre tendance à juger rapidement un événement. Plusieurs l'ont déjà lu, mais il tombe tellement sous le sens que je l'évoque encore.

Un vieil homme et son fils s'occupaient d'une petite ferme. Ils n'avaient qu'un seul cheval pour tirer la charrue. Un jour, le cheval s'enfuit. « C'est affreux. Quelle malchance ! » dirent les voisins. « Qui sait s'il s'agit ou non de malchance ! » répliqua le fermier. Une semaine plus tard, le cheval revint des montagnes, ramenant cinq juments dans la grange. Les voisins s'exclamèrent devant cette chance extraordinaire. Le vieil homme leur répondit : « Qui sait vraiment si c'est une chance ou une malchance ? » Le lendemain, alors qu'il essayait de dompter l'un des chevaux, le fils tomba et se cassa la jambe. Les voisins accoururent pour le réconforter: «C'est terrible! s'indignèrent-ils. Quelle malchance!» Le vieil homme s'entêtait: «Malchance? Chance?» Quelque temps plus tard, l'armée passa dans toutes les fermes afin d'enrôler de jeunes hommes pour la guerre. Le fils du fermier blessé ne leur était d'aucune utilité, il fut donc épargné.

Ce conte nous rappelle qu'il vaut mieux ne pas conclure trop vite au sujet d'un événement. Parfois, seul l'avenir dira si une personne a raison de se chagriner. D'ailleurs, il n'est pas rare qu'un revers se transforme en bonne fortune. Je dirais même qu'une meilleure chose peut découler des pires moments de sa vie. Du moins, c'est ce qu'en pensent plusieurs personnes qui vivent des ennuis dans leur couple. Lorsque leur conjoint annonce qu'il les quitte, dans leur esprit, il ne peut y avoir plus mauvaise nouvelle. Des années plus tard, il n'est pas rare de les entendre dire que leur séparation a été la meilleure chose qui leur soit arrivée. Ces personnes ont retrouvé la sérénité dans leur quotidien et parfois même, elles ont rencontré l'âme sœur. Il en va de même lorsque des gens perdent leur emploi: contre toute attente, plusieurs finissent par dénicher un boulot captivant.

Vous pouvez atténuer les effets d'une situation contrariante en pensant qu'une bonne chose peut s'ensuivre. La recherche montre que la grande majorité des gens tirent des bénéfices d'une situation pénible. Ils le font grâce à ce que l'on appelle la «croissance post-traumatique», c'est-à-dire leur capacité de s'adapter aux situations. On peut en effet tirer profit de toutes sortes de situations, même les plus déroutantes.

Lorsqu'on est accaparé par un problème, la seule chose que l'on désire, c'est qu'il cesse. Mais, au-delà de l'idée que votre problème cesse, vous pouvez présumer que quelque chose de mieux surviendra. Sans opter pour un optimisme incurable, vous pouvez croire que la lumière apparaîtra au bout du tunnel et que l'espoir surgira de nouveau.

Un échec peut être une heureuse erreur de parcours.

Le nouveau départ de Virginie et de Ronald

Vous souvenez-vous de Virginie et de Ronald, ce couple qui m'avait fait remarquer que je croyais en eux et que cela suffisait pour qu'ils croient en leur couple, eux aussi ? Eh bien, après plusieurs mois de tentatives infructueuses, Ronald ne croyait plus qu'il était possible de coller les morceaux. Il cessa de se présenter aux consultations et me demanda d'aider sa conjointe.

Virginie se présenta à la consultation suivante, mais elle m'avoua d'entrée de jeu que, selon elle, seule une démarche de couple pouvait changer quelque chose à leur situation. Je lui donnai raison. Ronald avait aussi sa part. Son attitude contribuait à faire perdurer les conflits. Mais, comme il n'avait aucunement l'intention de changer, nous avions échoué. Nous avons donc entrepris l'heure de consultation comme si c'était la dernière. Virginie réalisait qu'elle était devenue une femme sans teint. Devant son conjoint, elle s'était effacée et s'adressait à lui sur un ton de fillette soumise qui n'avait rien à voir avec la femme qu'elle était pourtant. Elle allait quitter son conjoint et se reprendre en main.

Dans les semaines qui suivirent, elle décida de s'affirmer davantage. Elle se comporta différemment avec Ronald, qui se montra agréablement surpris du changement. Elle commença entre autres à se tenir plus droite lorsqu'elle discutait avec lui. Pour sa part, il adoucit son caractère et lui témoigna plus de respect. Il cessa d'agir comme un persécuteur, ce qui, d'ailleurs, ne lui ressemblait guère. Tous les deux redécouvrirent des facettes oubliées de leur personnalité et collaborèrent à construire une relation plus authentique.

La fin d'une route peut conduire au début d'une autre. Même lorsqu'on sort de sa trajectoire et que l'on se croit perdu, il est possible d'explorer de nouveaux chemins. Virginie et Ronald croyaient avoir raté l'occasion de sauver leur union. Au moment de baisser les bras, ils renouèrent avec des parties d'eux-mêmes qu'ils avaient désertées.

Chaque fois que l'on commet une erreur, on peut apprendre de cette erreur. Quel autre « vous-même » êtes-vous devenu ? Quelle limite avez-vous dépassée ? Que souhaitez-vous changer ? Même les revers peuvent servir à enclencher une démarche de croissance.

L'EFFET CONTAGIEUX DE L'OPTIMISME

Alors qu'elle était interviewée à l'émission *Oprah*, en avril 2011, l'écrivaine afro-américaine Maya Angelou témoigna de son expérience de vieillir. Cette femme simple et honnête avait appris au fil des ans que, peu importe ce qui arrive ou à quel point ce que l'on vit maintenant semble éprouvant, la vie continue et demain ira mieux. Elle avait aussi appris que l'on peut dire beaucoup d'une personne à sa façon de réagir devant trois choses : une journée pluvieuse, un tas de bagages à transporter et des lumières de Noël à démêler ! Elle affirmait que la vie nous donne parfois une deuxième chance et que l'on ne devrait pas traverser l'existence avec un gant de baseball dans chaque main, car il faut parfois être capable de renvoyer quelque chose. Même si nous avons des douleurs, nous n'avons pas à devenir nous-mêmes une « douleur » pour les autres.

Comment vieillir peut-il mener à une conception aussi sereine ? Comment un échec peut-il mener à une réussite ? À la base, il faut posséder les deux aptitudes que cette femme a assurément : garder l'esprit ouvert et croire que tout est possible. Robert F. Kennedy se référait à ces aptitudes lorsqu'il déclarait : « Certains ne voient que des problèmes et demandent : "Pourquoi ?" Je vois des possibilités et je me dis : "Pourquoi pas ?" »

Il est prouvé que les gens qui ont la certitude d'atteindre leur but ont plus de chance d'y arriver. Ils croient que les choses iront mieux, et elles vont mieux, effectivement. Cela « contamine » leur vie et leur environnement. Ils provoquent ce que l'on appelle l'effet *contagieux* de l'optimisme qui consiste à croire qu'un futur meilleur est probable pour qu'il le soit.

Enzo, l'optimiste

Enzo est de nature optimiste, mais aujourd'hui, il a passé une très mauvaise journée. Ce matin, sa voiture n'a pas démarré et il est arrivé en retard à une réunion importante. En son absence, ses collègues ont pris une décision à laquelle il s'opposait. Comble de malchance, à la fin de la matinée, son garagiste lui a téléphoné pour lui annoncer que le moteur de sa voiture était fini et que le remplacer allait coûter une petite fortune.

Vous savez à quoi Enzo a pensé au moment où il a raccroché le combiné du téléphone ? Après une ou deux minutes de désarroi, il a imaginé des moments plus agréables qui viendraient assurément au cours de la soirée. Il a visualisé le souper avec sa famille, la partie de hockey télévisée, les rigolades avec ses amis. Il s'est attardé à ces images plutôt que de pester contre la situation.

Plus tard dans l'après-midi, un autre pépin est survenu : son ordinateur a planté en pleine rédaction d'un long rapport. Enzo a encaissé sans exploser. Son attitude a été remarquée par ses collègues, qui lui ont témoigné leur admiration. « Quel calme ! Enzo, tu es vraiment cool ! » Puis, ils se sont mis à faire des blagues au sujet de la chance des hommes préhistoriques, qui n'avaient pas eu à affronter ce genre de problèmes ! Ce moment de détente a mis un baume sur cette journée qui, malgré les apparences, n'a pas eu l'air si moche que cela aux yeux d'Enzo.

Que font les gens comme Enzo que les autres ne font pas ? Ils engendrent un processus tout à fait explicable et accessible à tous : l'image positive qu'ils ont de leur avenir déclenche en elle-même un effet positif. Voici comment ils s'y prennent.

Premièrement, ils imaginent que de belles choses peuvent survenir malgré leurs problèmes et ces belles images font naître du soulagement et de la joie. En d'autres mots, ils pensent que la situation difficile prendra fin et ils retrouvent leur bonne humeur. Ils se disent :

« Demain, ça ira mieux ! »

Deuxièmement, leur bonne humeur se répercute sur la manière dont ils accueillent chaque nouvelle circonstance. Ils sourient, ils font des blagues, ils sont détendus. Comme une chaîne sans fin, ces comportements provoquent chez autrui des réactions qui sont positives, elles aussi. Généralement, la bonne humeur est épidémique. Les gens sourient, et ce sourire confirme l'image positive qu'ils avaient au départ. En somme, ce qu'ils croient qu'il adviendra advient pour la bonne et simple raison qu'ils l'ont provoqué.

À l'inverse, l'image négative que les gens se font du futur provoque de la déception ou de la colère. Ces émotions négatives, à leur tour, font qu'ils se plaignent ou se fâchent. Ces réactions sont perçues par les autres, qui se montrent agacés par leurs attitudes. Dans ce cas aussi, les appréhensions de ces gens se concrétisent.

À des années-lumière d'Enzo, Irma l'hyperpessimiste décrit sa vie comme une succession de tragédies. Si quelqu'un lui demande comment elle perçoit son avenir, elle déniche quelques malheurs craints : la dépression qui ne la lâchera pas, les dettes qui s'accumuleront, les fêtes qui seront tristes. Accablée, elle affrontera le quotidien avec inquiétude et, à son tour, cette inquiétude donnera lieu à une suite de journées médiocres. Son attitude se répandra comme une traînée de poudre qui fera que les gens chercheront à l'éviter.

Vers qui auriez-vous envie de vous tourner pour vous remonter le moral et trouver le courage d'affronter l'adversité ? Vers Enzo ou Irma ? Vers Enzo, bien sûr : on accourt vers ceux qui savent insuffler l'espoir par leurs attitudes et leurs paroles. Ceux-ci savent que des difficultés normales apparaissent à certaines périodes de la vie et dans certaines circonstances. Ils savent que l'existence suit son cours et que, malgré les obstacles, chacun trouve sa voie. Ils bâtissent leur confiance sur une croyance selon laquelle le futur offre à chacun de nous des occasions de se dépasser et de devenir une meilleure personne.

CE QUE VOUS PENSEZ DU FUTUR PEUT SE PRODUIRE

Un jour, un homme s'endormit sous un arbre qui avait le pouvoir de réaliser ses souhaits. Lorsqu'il se réveilla, il se dit: « J'ai faim. J'aimerais manger. » Soudain, un plat délicieux apparut à ses pieds. Il mangea, puis il pensa qu'il avait soif. Un grand bol d'eau glacée jaillit immédiatement près de lui. Il commença à se sentir suspicieux et il imagina qu'il y avait des fantômes en train de se moquer de lui. Des monstres surgirent et l'attaquèrent. L'homme cria: « Ils vont me tuer! » Et il fut tué!

Cette allégorie illustre que nos pensées ont un pouvoir sur notre réalité. Deux fois sur trois, les attentes du futur se réalisent. La belle soirée d'Enzo, le malheur d'Irma tout comme vos attentes se réaliseront. Ce phénomène bien connu du domaine de la perception s'appelle l'« effet d'anticipation ».

L'effet d'anticipation est un processus inconscient qui survient lorsqu'une personne anticipe une situation, c'est-à-dire qu'elle croit que cette situation se réalisera. Si elle s'attend à ce qu'un interlocuteur soit antipathique, elle remarquera les indices qui confirment son opinion. Elle prêtera particulièrement attention aux propos qui lui semblent impertinents et à son expression hautaine. Puis elle transmettra des attitudes qui provoqueront sa froideur. Sans le savoir, elle paraîtra ennuyée et, à son tour, cet interlocuteur se montrera peu intéressé à son égard.

Il en est de même pour les bons pressentiments. Si une personne pense que son interlocuteur sera aimable, elle se comportera avec gentillesse et, probablement, il le lui rendra bien en étant de bonne compagnie. Plus on est convaincu que notre situation s'améliorera, plus elle s'améliore, effectivement.

Vos attentes, bonnes ou mauvaises, peuvent se réaliser.

Cela ne suppose en rien que si on croit qu'une chose surviendra, elle se produira, *peu importe* ce que l'on fait. L'effet d'anticipation est un phénomène empirique, c'est-à-dire qu'il s'observe dans la réalité. Nos attentes ne se réalisent pas comme des « sortilèges », mais parce qu'en y pensant, on fait inconsciemment quelque chose pour les réaliser. Cela peut être très utile dans les moments où l'on a des tracas : si on s'attarde à ce qui peut se produire de positif dans le futur, on contribuera concrètement à l'amélioration de sa situation.

LE POUVOIR DU FUTUR

Notre pensée est un instrument puissant qui peut influencer notre état. Dans certains cas, si nous nous centrons sur notre déconfiture, nous ne verrons que de la déconfiture. Notre mental sera pris dans un cercle vicieux de négativité : il s'attendra à ce que rien de positif ne se produise et rien de positif ne se produira, effectivement. On ira de mal en pis. Du moins, une chose est certaine, si on ne cherche pas à aller mieux, cela n'arrivera pas.

Chacun de nous peut briser ce cercle vicieux. Si nous renversons le mouvement et que nous canalisons notre esprit sur l'image que le futur apportera de bonnes choses, nos attentes tendront à se réaliser tout naturellement.

« Attendez un instant, dites-vous. Cela n'est pas si évident ! » Effectivement, l'idée que le futur peut déterminer le présent contredit la loi causale. La loi causale suggère qu'un événement qui survient en premier lieu est la *cause* d'un autre événement qui survient en second lieu. Cette loi suit un ordre chronologique. Ce qui vient *avant* a un effet sur ce qui vient *après*. Les événements déterminants se trouvent nécessairement dans le passé. Ils ne peuvent se trouver dans le futur.

C'est vrai, on ne peut savoir à l'avance de quoi aura l'air notre existence. Pourtant, on peut visualiser l'image *désirée* de notre futur. Cette image renferme réellement un pouvoir, celui de nous révéler les mille et une façons de nous en sortir à partir de maintenant. L'exemple d'une discussion que j'ai eue avec Delphine servira à illustrer cette idée.

Un nouveau jour pour Delphine

Delphine s'était sentie anéantie après le suicide de son mari. Pendant un long moment, elle m'a parlé de sa profonde lassitude. Je lui ai affirmé que cette période triste se terminerait un jour. Elle pouvait prendre le temps qu'il lui fallait pour son deuil, mais, assurément, son cœur s'allégerait tout doucement. Peu à peu, sa culpabilité serait moins lourde à porter. Le calme intérieur s'installerait et la vie aurait enfin un nouveau sens. Elle devait s'y préparer, car cela surviendrait inévitablement.

Delphine a fait un effort surhumain pour visualiser le jour où les choses allaient être mieux. Elle a imaginé un jour, lointain, différent de ce qu'elle vivait actuellement : elle se lèverait tôt, se nourrirait mieux et aurait envie de revoir quelques amies.

Soudain, elle s'est rappelé une robe qu'elle avait achetée avant le décès de son mari, mais qu'elle n'avait jamais portée. Elle aurait envie de porter sa robe neuve. Elle pourrait mettre des vêtements plus gais. « Il serait temps que j'aille au salon de coiffure, a-t-elle admis, mes cheveux sont longs et ternes. Regardez-moi ce visage ! On croirait une morte ! Je devrais prendre la peine de me maquiller. »

En prononçant ces quelques mots, Delphine a commencé à s'animer et a retrouvé un brin d'énergie qui était enfoui sous une tonne de chagrin. Elle a utilisé son imagination pour se projeter dans l'inconnu : elle s'est vue loin devant, à un moment où ses humeurs seraient très différentes. Elle a commencé à *croire* que les choses n'allaient pas toujours être aussi pénibles ; elle allait se libérer de l'état de lassitude dans lequel elle se trouvait pour le moment.

À l'instar de Delphine, visualisez comment votre vie sera lorsque les choses cesseront d'avoir autant d'emprise sur votre vie. Progressivement, vous percevrez le présent sous un autre angle. Vous serez surpris de découvrir autant de possibilités simples à appliquer.

REGARDEZ DANS LA BONNE DIRECTION

Pourquoi vous tourner vers le passé pour y chercher une interprétation à vos impasses, alors que vous pouvez trouver dans le futur des moyens simples de vous en sortir ? D'ailleurs, je l'ai déjà mentionné, la plupart des gens ne veulent pas connaître leur passé, ils veulent se sentir mieux. Une façon de se sentir mieux est de regarder dans la bonne direction, c'est-à-dire droit devant ! Vous y découvrirez inévitablement de multiples solutions. Elles sont accessibles parce qu'elles naissent de votre propre inconscient. Tant mieux, car plus les solutions sont simples et tangibles, plus les chances de les matérialiser sont élevées. Vu sous cet angle, ce moyen accommode les clients les plus récalcitrants à l'introspection.

Votre image d'un futur meilleur contient le secret pour vous en sortir.

ADRIAN VA CHEZ LA PSY

Lorsqu'il entre dans mon bureau, Adrian m'avoue tout de go qu'il se demande sérieusement quelle mouche l'a piqué pour qu'il se retrouve chez le « psy ». Ouvrier dans une usine, il s'est toujours targué de ne pas être un consommateur de ce genre de services psychologiques, qui ne servent qu'à « pelleter des nuages ». Aujourd'hui, s'il est assis nerveusement devant moi, c'est qu'il n'a plus rien à perdre, même pas son image personnelle. Sa jolie conjointe, Linda, l'a quitté pour un autre, plus riche et plus intrépide.

Toutefois, cette fille importune Adrian pour tout et rien. Elle l'appelle régulièrement pour lui demander d'installer le nouveau frigo, pour savoir comment faire cuire le rôti de bœuf ou pour trouver un cadeau à son patron. Adrian exécute chacune de ses demandes, avec l'espoir secret qu'elle lui reviendra.

Les bons amis d'Adrian lui ont dit maintes fois de ne pas perdre son temps. Pour le convaincre, ils lui ont rapporté des faits qui ne trompent pas : Linda se promène fièrement au bras de son nouvel amoureux, elle semble épanouie et heureuse. Lui, par contre, il est en mille miettes. Obsédé par cette perte, il peine à se concentrer au travail. À bout de nerfs, il rentre à la maison en espérant l'y voir toute repentante. Mais elle n'y est jamais.

Comment Adrian peut-il croire en un futur meilleur, s'il est peu probable que Linda revienne ? En fait, il doit imaginer qu'il réussira un jour à bien vivre *malgré* l'absence de Linda. Comment se comportera-t-il lorsque lui-même ira mieux ? Comment rentra-t-il chez lui ? Comment passera-t-il ses soirées ? Se remettra-t-il à la rénovation de la pièce qu'il a laissée en plan depuis sa séparation ? Grattera-t-il un peu la guitare ? Téléphonera-t-il à ses enfants pour les inviter à souper au prochain week-end ?

La vision d'Adrian peut se transformer en d'innombrables solutions simples dont chacune constitue une clé. Dès aujourd'hui, il peut téléphoner à ses enfants ou jouer de la guitare, puis il reprendra progressivement le goût de vivre. Adrian doit choisir le plus simple et le plus facile de ces moyens ; ce sera son premier pas dans la direction de son *futur meilleur.*

Delphine peut se lever plus tôt, mettre sa belle robe et se maquiller. Dans son cas, il serait déraisonnable de changer l'ensemble de son mobilier ou de cesser de prendre ses antidépresseurs. Adrian peut inviter ses enfants dès maintenant, mais il est trop tôt pour qu'il se lance à la recherche d'une nouvelle âme sœur, même si l'idée lui apporte un certain soulagement.

Toute personne peut s'enliser si sa vision du futur est insaisissable ou irréalisable. Pour matérialiser votre « futur meilleur », imaginez réellement chaque instant d'une journée où les choses iront mieux et où vous aurez réussi à vous sentir un tout petit peu plus heureux. Comment le constaterez-vous ? Comment vous comporterez-vous ? S'il vous est impossible de visualiser qu'un changement peut survenir, figurez-vous comment vous seriez si vous étiez un tout petit peu *moins* déprimé, *moins* anxieux, *moins* ceci ou cela. Si tel était le cas, que feriez-vous concrètement ?

Répétez souvent cette phrase :

De meilleurs moments surviendront inévitablement.

Répétez-la chaque matin, plusieurs fois par jour. Ancrez-la au cœur de votre expérience de manière à la rendre réelle. Alors, des temps meilleurs surviendront.

IL EST IMPOSSIBLE DE REVENIR EN ARRIÈRE

Cette visualisation du futur, comme si on possédait une boule de cristal qui nous permet de voir l'avenir, peut paraître farfelue. Le formateur américain reconnu Steve de Shazer employait pour sa part une « question miracle » : il demandait aux gens ce qui allait se passer lorsqu'un jour, après une bonne nuit de sommeil, ils constateraient au réveil qu'un miracle était survenu. La fée des étoiles était apparue avec sa baguette magique ; elle l'avait agitée et les problèmes étaient disparus.

Mettons une chose au clair. Je ne prétends pas qu'un miracle soit concevable. Si, en visualisant le futur, une personne s'imagine quelque chose d'impossible, je vous dis qu'elle a le droit de rêver ! Si elle est atteinte d'une maladie grave et qu'elle imagine n'avoir jamais été malade, un tel phénomène ne se réalisera pas malgré toutes ses bonnes intentions.

Si vous espérez qu'un problème insoluble se résoudra, vous risquez d'être très déçu ! Delphine ne retrouvera pas son mari décédé. Et si Linda ne revenait jamais ?

En pensant à votre futur meilleur, vous souhaitez qu'une situation ait lieu ou qu'elle n'ait pas lieu, que l'autre fasse quelque chose ou cesse de faire quelque chose. En imaginant que cela est possible, du coup, vous vous sentez mieux. Cependant, vous perdez votre temps si vous attendez un véritable « miracle »

Vous ne pouvez pas revenir en arrière ; vous ne pouvez qu'aller de l'avant.

alors que la situation est irréversible. Il ne s'agit pas de vous figurer que les situations s'amélioreront par elles-mêmes ou que les gens se comporteront différemment, sans que vous ayez à y faire quoi que ce soit. Honnêtement, vous avez si peu de contrôle sur les autres qu'il y a peu de chance que cela se produise, même si vous l'espérez des journées et des semaines entières.

Demandez-vous plutôt ce que *vous* feriez si c'était le cas et, sans attendre, faites-le. Vous transformerez ainsi votre existence. Que changerait Adrian si Linda revenait ? Il recommencerait à prendre soin de sa santé, il mangerait mieux, il reprendrait son conditionnement physique ou il inviterait plus souvent ses enfants à la maison. Alors, qu'il commence dès maintenant à prendre soin de sa santé, à manger mieux, à s'entraîner et à inviter ses jeunes ! Vous aussi, n'attendez pas qu'un événement survienne, soyez visionnaire ! Regardez au loin, plus loin que le bout de votre nez !

Transformer son existence est plus exigeant que d'espérer que les choses changent d'elles-mêmes. Voilà pourquoi il vaut mieux vous contenter de gestes accessibles. Certains diront que l'image qu'ils ont du futur n'est pas réelle, car elle n'est pas encore survenue. Mais, après tout, vous ne faites que « semblant ». Cette impression de faire semblant réduit momentanément les contraintes de la réalité et donne accès à un certain pouvoir. Vous visualisez comment vous vous comporterez lorsque vous serez dans un meilleur état. Après l'avoir imaginé, passez à l'action !

Néanmoins, avouons que *savoir* quoi faire pour être mieux et le *faire* vraiment sont deux choses distinctes. Si la première vient aisément, la seconde peut représenter un grand défi. Les prochains trucs faciliteront le passage à l'action.

À vous de jouer

Levez-vous de bonne humeur et dormez mieux !

Au matin, dès votre réveil, à quoi pensez-vous ? Prenez l'habitude de penser à une circonstance heureuse qui se passera assurément. Vous vous lèverez de meilleure humeur. Rappelez-vous cette circonstance au cours de la journée pour remonter votre moral et supporter les moments plus difficiles.

Au coucher, avez-vous coutume de vous mettre au lit en pensant à vos préoccupations ? Vous risquez de souffrir d'insomnie. Modifiez vos habitudes en voyant un peu plus loin que votre nez ! Concentrez-vous sur un événement heureux de votre futur immédiat. Prenez le temps de songer au week-end divertissant qui s'en vient, aux moments de détente que vous vous offrirez, à un beau projet que vous souhaitez entreprendre. Imaginez ces événements avec détails. Ainsi, vous conditionnerez votre cerveau à la possibilité que ces événements surviennent effectivement.

Chérissez les moments agréables du futur et ils auront de meilleures chances de se matérialiser.

TRUC 6

Avancez un pas à la fois

Gandhi avait entrepris une longue marche de compassion pour libérer le peuple indien. Croyant au pouvoir de la non-violence, il déclarait qu'un pas à la fois suffisait pour avancer sur le chemin de la vérité et de la justice. Un premier pas, puis un autre pas, et ainsi de suite, allaient permettre de rétablir la paix entre les peuples.

La seule chose nécessaire pour changer est de faire un premier pas.

L'exemple et la conviction inébranlable de grands hommes comme Gandhi nous aident à croire que notre propre marche vers l'amélioration de notre condition commence par un premier pas. Avec du courage, de la persévérance, voire de l'entêtement, un pas à la fois peut mener à un progrès d'une grande portée.

LE PREMIER PAS

On a plus de chance d'atteindre un objectif modeste que des buts ambitieux. Ainsi, au lieu de viser des objectifs très élevés, contentez-vous de petits gestes que vous êtes déjà *presque* capable de faire. Ceux-ci enclencheront une escalade d'améliorations permettant de vous sentir mieux, et mieux encore.

Les gestes qui changent notre quotidien exigent peu d'effort, le moins d'effort possible en fait, mais ce sont des gestes auxquels on ne songe pas naturellement. Vous êtes un peu timide ? Alors, adressez-vous à une personne inconnue en lui disant simplement : « Bonjour monsieur ! » ou « Bonjour madame ! » Vous souhaitez élargir votre réseau d'amis ? Alors souriez à une personne qui croise votre route. Vous désirez mettre du piquant dans votre vie ? Goûtez à un aliment exotique. Vous voulez savourer davantage la vie qui file à toute allure ? Partez quelques minutes plus tôt vers votre destination et prenez votre temps. Vous vous trouvez trop « ordinaire » ? Prenez rendez-vous avec une styliste. Vous vous plaignez d'être peu instruit ? Ouvrez le dictionnaire et découvrez un nouveau mot...

Selon l'adage, « personne ne découvre de pays neuf en reprenant des chemins connus », ce n'est qu'en changeant vos habitudes que vous changerez par le fait même la perception que vous avez de vos difficultés et de vos peurs - bref, de vous-même.

Éliane et ses erreurs

Lorsqu'elle fait une erreur au travail, Éliane a l'habitude de se sentir démesurément coupable et elle se tape sur la tête. Elle se met à surveiller ses moindres gestes et, paradoxalement, elle accumule les maladresses. Elle se referme sur elle-même et a tendance à éviter les contacts avec son patron et ses collègues. Elle se sent ainsi à part des autres, ce qui renforce son impression d'être inadéquate.

Éliane promet de faire quelque chose de différent pour briser le cycle négatif. D'abord, elle considère toutes les options. Puis, elle choisit de changer sa façon d'être avec les autres lorsqu'elle commettra une erreur : elle ne se retirera pas dans son coin. Elle se donne toutefois la permission de continuer à se taper sur la tête et de se culpabiliser à sa guise, sauf qu'elle restera en contact avec les autres.

La semaine suivante, elle remarque qu'elle a fait une faute d'orthographe à la fin d'un courriel important. Horreur ! Elle a écrit ceci : « *Veillez* accepter mes salutations », en omettant le « u » requis. Elle se traite intérieurement de tous les noms disponibles et elle s'accuse de ne pas avoir re-re-re-vérifié son message électronique, avant le dernier « clic ».

À l'heure du lunch, chose promise, chose faite : elle a rejoint l'équipe qui mange à la cafétéria plutôt que de s'éclipser, comme à son habitude dans de telles circonstances. Durant le repas, les collègues font des blagues et Éliane se laisse prendre au jeu. Elle réussit à rire de bon cœur et oublie momentanément son erreur.

Éliane revient à son bureau, la tête un peu plus légère. Cette légèreté lui donne une assurance qu'elle n'a généralement pas lorsqu'elle commet une bévue. Elle se dit que son patron est un chic type et elle décide de lui parler de son erreur pour savoir ce qu'il en pense. Celui-ci répond que cette petite distraction n'enlève rien à sa compétence ; il lui recommande de s'en faire un peu moins, la prochaine fois.

Après avoir confronté ses perceptions d'elle-même à celles de son patron, Éliane se rassure, retrouve son sentiment d'être une bonne employée, ce qui a comme heureux effet d'augmenter ses réussites et de l'encourager à s'intégrer davantage à son équipe.

Pour Éliane, le premier pas consiste donc à agir d'une manière nouvelle lorsqu'elle vit une petite difficulté. Comme il s'agit de faire une chose inhabituelle, elle doit faire un effort, c'est-à-dire qu'elle doit agir comme si elle en recevait l'ordre et qu'elle n'avait d'autre choix. Elle fait l'expérience de cette nouvelle manière d'agir et prend le temps de s'y adapter. Ce premier pas différent – rejoindre ses collègues plutôt que de s'isoler – déclenchera une suite d'événements qui provoqueront, à leur tour, un changement important.

LA THÉORIE DU CHAOS ET L'EFFET PAPILLON

Un petit détour dans les sciences exactes s'impose pour comprendre l'idée qu'un premier pas peut provoquer de grands bouleversements. Selon la théorie du chaos, un élément nouveau et inattendu engendre inévitablement le changement d'un système stable.

Le météorologiste américain Edward Lorenz a mieux fait connaître cette théorie qui vient de la physique quantique. Elle s'applique au système complexe de l'atmosphère afin de parler de ce que l'on appelle la « sensibilité aux conditions initiales » ou du fait que « de petites causes peuvent avoir de grands effets ».

L'*effet papillon* est une métaphore qui illustre la théorie du chaos. Il vient de cette image proposée par Edward Lorenz : le battement des ailes d'un *papillon* en un point de la terre pourrait créer une perturbation suffisante pour déclencher, deux semaines plus tard, une tornade en un point éloigné. Ce phénomène est apparu au météorologiste après qu'il eut constaté sur l'écran de son ordinateur que la moindre perturbation initiale d'un système pouvait avoir un effet *considérable* à long terme.

Plus récemment, on a vu de petites secousses terrestres se transformer en gigantesque tsunami. Il en est de même sur le plan psychologique. Un mouvement exponentiel ne nécessite qu'un premier geste. Ce geste consiste à modifier quelque chose, *parfois une toute petite chose*, pour changer significativement votre vie. Il n'y a rien de compliqué ni d'extravagant. Une transformation, à très petites doses, suffit pour entraîner bientôt un tsunami de bonnes choses.

Un petit pas peut engendrer de grands changements.

L'EFFET DOMINOS

Pour établir un changement important et durable, il convient donc de procéder par petites étapes. Ces escales en direction de l'amélioration souhaitée nous rendent plus optimistes et nous motivent à franchir d'autres étapes. De plus, un petit changement dans un domaine de notre vie crée souvent un effet en cascade dans d'autres domaines. Tel un jeu de dominos, une poussée initiale fait chuter un premier bloc, puis un deuxième, un troisième, et ainsi de suite.

L'histoire vraie de Kyle McDonald en est un exemple remarquable. Ce jeune Montréalais a troqué un trombone contre une maison. Incroyable, n'est-ce pas ? Kyle s'était fixé un défi : il allait échanger ce qu'il avait sous la main pour quelque chose de toujours plus grand et de meilleur, et ce, jusqu'à ce qu'il obtienne une maison. Il remarqua alors un petit trombone rouge qui traînait sur son bureau et se dit que, dans un an, il aurait réussi à échanger ce petit objet sans valeur pour acquérir ce qu'il désirait. Le 12 juillet 2006, son but était atteint.

Kyle McDonald a instauré une série de quatorze transactions qui l'ont mené aux quatre coins du Canada et des États-Unis. Il a commencé par échanger son trombone contre un stylo en forme de poisson, lui-même échangé contre un bouton de porte sculpté, qui fut troqué contre un barbecue, suivi d'une génératrice électrique, puis d'une motoneige et enfin d'une camionnette. Vers la fin des transactions, on lui offrit un an de location gratuite d'une maison à Phoenix, en Arizona, qu'il échangea contre un après-midi avec son idole Alice Cooper, après-midi qu'il troqua contre une boule à neige.

Cette décoration en verre contient de l'eau et des paillettes de plastique qui représentent la neige ; lorsqu'on la remue, il se met à neiger dans la boule. En troquant l'après-midi avec Alice Cooper, Kyle voulait montrer que ce n'était pas la valeur matérielle de l'objet qui comptait, mais la valeur subjective et sentimentale qu'on pouvait lui apporter. La preuve en fut donnée, car quelque temps après, l'acteur américain Corbin Bernsen, grand collectionneur de boules à neige, communiqua avec lui et lui proposa de l'échanger contre un rôle dans son prochain film. Au bout de ce pari un peu fou, la ville de Kipling, en Saskatchewan, échangea ce petit rôle contre une maison où s'installa Kyle peu de temps après.

Kyle MacDonald est cité dans le *Livre Guinness des records 2008*, dans la catégorie « Échange Internet ayant eu le plus de succès ». Il a publié son expérience dans un livre intitulé *Un trombone rouge*. L'histoire de ce jeune homme dégourdi montre comment une petite chose insignifiante, comme un trombone, peut mener à une grande aventure lorsqu'on procède par étapes. Derrière un truc qui paraît si étrange, il y a un rationnel qui peut, si vous le maîtrisez, vous amener à réaliser vos propres défis.

APPRENEZ À PROVOQUER UN PHÉNOMÈNE EXPONENTIEL

Comment ce mouvement exponentiel de réussite, qui n'a rien d'un phénomène occulte ou mystérieux, fonctionne-t-il ? Ce processus est constitué de trois étapes : faire un geste différent et concret, s'y engager totalement et remarquer les conséquences positives de ce geste.

À la base de ce processus, il faut *faire* quelque chose. Les changements ne s'enclenchent pas seulement par la pensée ; il faut une *action réelle* dans un environnement tout aussi réel. Une action qui *diffère* de ce qu'une personne fait d'habitude.

Éliane a rejoint ses collègues pour le lunch plutôt que de s'isoler ; elle a pris l'initiative de ce geste, sans attendre qu'on l'invite. À table, elle *s'est engagée totalement*, elle a pris part à la discussion, elle a écouté les blagues, elle s'est abandonnée aux rires, bref, elle a plongé. À l'opposé, si elle avait poursuivi sa rumination alors que ses collègues discutaient, si elle avait eu la « tête ailleurs », rien n'aurait changé. Puis, elle *a remarqué les effets positifs* de ce choix. Elle était sensible au sens de l'humour de ses collègues et a pris conscience que « rire un bon coup » l'aidait à retrouver le moral. Elle s'est attardée à la légèreté qu'elle éprouvait et à la confiance en elle-même qu'elle gagnait. Ces sentiments positifs ont enclenché une suite d'actions constructives qui repoussent les limites de ses difficultés.

Ce troisième élément précipite le mouvement exponentiel, c'est-à-dire que plus vous découvrez les bénéfices de vos actions, plus vous aurez envie d'en faire davantage. Ce faisant, vous avancez plus rapidement. Toutefois, le danger est d'avoir de trop grandes attentes. Ce n'est pas une bonne idée de vouloir être déjà au point d'arrivée, alors que l'on ne fait que commencer la course !

L'important, c'est de garder en tête votre but et de ne pas vous occuper de savoir à quel moment il sera atteint. Avancez peu à peu, sans forcer les choses. Paradoxalement, cette façon de procéder va plus vite que de faire de grandes enjambées qui risquent de vous amener à buter contre un obstacle !

La meilleure attitude pour provoquer un changement durable, c'est de prendre conscience qu'...

à petits pas, vous avancez tout de même.

Comme une horloge mécanique, il n'est pas nécessaire de pousser sur le mécanisme pour que les secondes avancent. Et ces secondes finissent par donner des minutes, des heures, des années.

MONTEZ UN BARREAU À LA FOIS

Vous arrive-t-il de vous blâmer parce que vous n'avez parcouru qu'une partie du chemin prévu ou que vous n'avez pas réussi *totalement* un projet ? Vous avez tort. Vous devriez vous féliciter, car chaque étape franchie est un succès. Fractionnez votre démarche en petites foulées et reconnaissez chacune d'elles ainsi que les fruits qu'elle produit dans votre quotidien. Prenez le temps qu'il faut pour savourer cette étape, avant d'aspirer à la seconde.

Le thérapeute américain Steve de Shazer a proposé l'image de l'échelle pour illustrer que chaque barreau permet d'accéder progressivement à ce que l'on désire. L'échelle peut être remplacée par un escalier, une montagne ou une route. Les meilleures images sont celles qui collent le plus à votre imaginaire. Où en êtes-vous ? Êtes-vous au début de l'ascension, avez-vous fait un bout de chemin ou êtes-vous tout près de votre destination ?

Peu importe l'image qu'une personne choisit, elle peut savoir quel chemin elle a parcouru jusqu'à maintenant et le prochain pas qu'elle fera pour atteindre son but. Dans certains cas, le premier pas consiste à affronter sa peur.

Agnès a peur des hommes

Agnès est en arrêt de travail à la suite d'un sérieux stress post-traumatique qu'elle a vécu voilà deux ans. Elle ne sort presque plus de la maison. Elle avoue avoir gardé une peur des hommes depuis que son ex-conjoint l'a agressée ; il a voulu la tuer en la renversant avec sa voiture.

Cet événement semble s'ajouter à un incident qu'elle évoque comme un fait divers. Dans ses jeunes années, ses parents vivaient dans une communauté non conformiste qui prônait la liberté sexuelle. Le gourou de la secte pouvait faire l'amour avec qui lui plaisait. Agnès eut ce « privilège » dès son jeune âge ! Si le chef spirituel commettait cet acte pédophile dans l'absolution, il insistait néanmoins pour mettre en garde les fillettes contre les autres hommes qui étaient irrespectueux et brutaux, et qu'il fallait craindre.

Lorsqu'elle entra à l'école primaire, en voyant les garçons se battre entre eux, elle admit que son chef spirituel avait raison. Cette constatation l'ébranla fortement, et à partir de ce moment, sa paranoïa se développa sournoisement. Agnès devint peu à peu captive de ses bizarreries. La psychose dont elle était atteinte se manifestait par des troubles du jugement dont elle était totalement inconsciente.

J'ignore si son ex-conjoint l'a véritablement agressée ou si Agnès a inventé cette histoire de toutes pièces suivant le scénario de ses pensées suspicieuses. Il n'en demeure pas moins qu'aujourd'hui, sa crainte a raison de tout argument logique. Elle est absolument convaincue que les hommes qu'elle croise dans la rue pourraient la violer.

Lorsqu'on lui demande quelles sont, selon elle, ses chances de s'en sortir, elle éprouve des sentiments mitigés. Elle le désire vraiment, c'est certain, mais elle y croit très peu. Qu'a-t-elle réussi à faire jusqu'à maintenant ? La semaine dernière, elle avait décidé de se rendre à pied à la pharmacie pour chercher ses médicaments, mais elle a échoué. Elle s'est arrêtée à mi-chemin dans une cabine téléphonique pour appeler un taxi. Puis elle est retournée chez elle, en état de panique. Démoralisée et fatiguée de se battre contre ses fantômes, elle se perçoit au *bas* d'une échelle imaginaire dont le sommet semble inaccessible.

Ce cas extrême illustre que l'on peut se percevoir au départ d'une trajectoire dont le but semble hors d'atteinte. Des gens qui éprouvent des problèmes courants peuvent se percevoir aussi très loin de leur objectif. Sur leur grande échelle, ils ont l'impression d'être complètement en bas, au premier barreau.

En fait, ce n'est pas sans issue si on se perçoit au bas de l'échelle. Agnès croit que c'est le pire moment de sa vie, car elle ne réussit pas à dépasser ses peurs et que ses tentatives se soldent par des échecs. Elle ne s'est jamais sentie aussi mal fichue. À bien y penser, il se peut que cela ne soit pas exact. Le lendemain de l'agression de son ex-conjoint, il y a des chances qu'Agnès se soit déjà déplacée sur l'échelle. Souvent, le temps joue en notre faveur. Après une crise, la plupart des gens commencent à se ressaisir jusqu'à un certain point et se perçoivent un peu mieux qu'ils étaient au moment de la crise. Ils sont encore sous le choc, mais ils commencent à se reprendre en main.

La semaine dernière, Agnès a fait quelque chose de plus qu'elle faisait immédiatement après l'agression. Elle est sortie de la maison pour se rendre à la pharmacie. Elle a fait la moitié du chemin, alors que d'autres n'auraient pas mis les pieds dehors. Elle utilise sa force intérieure qui la tient au-dessus du point où normalement les gens s'effondrent. Dans de telles circonstances, l'important est de se centrer sur ce que l'on *fait* – pas sur ce que l'on ne fait pas – pour se tenir debout et ne pas flancher totalement. Demandez-vous comment vous réussissez mieux qu'une autre personne qui n'aurait pas une once de votre courage.

On peut avoir peur de s'entendre dire que l'on est au bas de l'échelle. Mais l'endroit où l'on se voit est en quelque sorte une abstraction. Cela signifie simplement que l'on se perçoit à une certaine distance du but. Vous pouvez modifier cette perception par le seul fait de vous donner un objectif moins élevé. Du coup, vous aurez davantage le sentiment de vous en approcher.

Au bas de l'échelle, la seule option est de monter.

Reconnaître qu'une situation pourrait être pire que la nôtre, c'est aussi une façon de modifier la perception que l'on en a. Même s'il n'y a pas eu de progrès, découvrez ce que vous avez fait pour que les choses n'empirent pas.

Pensez à une situation difficile et imaginez une échelle qui représente le chemin à parcourir pour vous en sortir. Où vous situez-vous en ce moment ? Au bas, au milieu… ? Vous percevez-vous au deuxième barreau de l'échelle, au quatrième ou au sixième ? Comment avez-vous réussi à atteindre ce barreau ? Comment faites-vous pour être là, plutôt qu'au ras du sol ou complètement effondré ?

Si vous vous percevez tout en bas, félicitez-vous de ne pas être six pieds sous terre. À partir de cet endroit, maintenant, demandez-vous quelle force vous permettra de soulever le pied et d'amorcer l'ascension. Que ferez-vous pour monter le prochain barreau ? Puis le suivant ?

LE PROCHAIN BARREAU POURRAIT ÊTRE DANS L'ÉCHELLE D'À CÔTÉ

L'image de l'échelle nous permet de nous situer par rapport à un problème. Mais comment s'y prendre pour grimper le prochain barreau ? Les thérapeutes Milton Erickson et Steve de Shazer ont donné une réponse originale à cette question. Selon eux, il est parfois préférable d'adopter une approche *indirecte* au problème que de s'y attaquer de plein front. D'ailleurs, bien souvent, lorsqu'on essaie de l'affronter directement, le problème résiste. À l'image d'une bête sauvage, il peut devenir encore plus féroce ! Alors, il faut être soi-même plus rusé et ne rien changer au problème, mais modifier simplement quelque chose dans l'environnement où il apparaît.

Changer une seule composante entourant le problème peut entraîner l'amélioration du problème entier.

Cette conception singulière est d'abord illustrée par un cas clinique de Milton Erickson, qui montre que sa grande crédibilité n'avait d'égale que l'absurdité de certaines de ses prescriptions ! Un jour, un couple le consulta au sujet de querelles incessantes qui se perpétuaient malgré la tendresse que les conjoints éprouvaient l'un envers l'autre. Le psychiatre excentrique leur demanda de déterminer la pièce de la maison où leurs conflits avaient habituellement lieu. Ils se disputaient presque toujours dans la cuisine, dirent-ils. Erickson les invita alors à introduire un petit changement à leur habitude. Leur prochaine querelle devait se produire dans une autre pièce. Aux premiers instants de leur dispute, ils devaient se déplacer dans la salle de bain. Monsieur devait s'installer sur le siège de toilette, le pantalon baissé, et Madame devait se mettre nue dans la douche. Ainsi, et seulement ainsi, ils devaient alors se quereller. Suivant à la lettre cette prescription, les conjoints se déplacèrent effectivement dans la pièce désignée, mais lorsqu'ils se virent dans de telles positions ridicules, ils perdirent l'envie de se chamailler et rirent de la situation !

Ces conjoints se soumirent docilement à une tâche absurde et ils réglèrent définitivement leurs malentendus. Cela peut sembler invraisemblable. De rares thérapeutes sont assez crédibles pour qu'une telle prescription ne soit pas prise à la blague, mais Milton Erickson réussissait. Sous son allure non conformiste, il guérissait des troubles persistants à l'aide de curieuses recommandations.

Changer le contexte d'un problème peut vraiment faire toute la différence. Le problème fait partie d'un tout ; quelle que puisse être sa cause, le fait qu'il dure a quelque chose à voir avec le contexte dans lequel il advient. Dès lors, toute différence dans le contexte peut avoir une influence sur le problème lui-même.

À son tour, Steve de Shazer raconte l'histoire insolite d'une famille aux prises avec des problèmes d'incontinence. Les nuits, il n'était pas rare que le grand-père, le père, les deux fils adolescents mouillent leur lit. Au cours de la journée, la mère lavait leurs draps. Lorsque le thérapeute comprit que la mère en connaissait beaucoup sur le lavage de la literie, il l'aida à trouver un travail en tant que lingère professionnelle. Étant donné que celle-ci n'était plus disponible à la maison pour faire le lavage, cette tâche incomba aux autres membres de la famille. Et le problème d'incontinence disparut !

Occasionnellement, la solution d'un problème est hors de notre portée. D'accord. Mais on peut déplacer le problème grâce à un mouvement imperceptible de la conscience. L'exemple de la douleur physique permet d'illustrer ce phénomène. La douleur physique est un phénomène psychologique. Elle devient plus diffuse et plus tolérable lorsqu'on canalise notre attention sur un autre endroit de son corps. N'avez-vous pas ce réflexe de vous pincer lorsque vous êtes saisi d'un mal insupportable ? On peut changer provisoirement de place notre attention du problème de manière à en conserver une part négligeable et plus facilement contrôlable.

J'ai déjà indiqué que la douleur peut être déplacée dans le temps et dans l'espace grâce au GPS psychologique. On peut la diminuer significativement en pensant qu'elle ne durera pas éternellement. D'un jour à l'autre, elle s'estompera. Cette pensée agit comme un analgésique qui éloigne notre attention de la douleur. Il en est de même pour la douleur psychologique.

La douleur, selon Milton Erickson, provient de l'évocation de trois sources de souffrances : les souffrances passées, l'anticipation des souffrances futures et l'expérience des souffrances actuelles. Les deux premières n'existent que dans notre esprit. La souffrance réelle n'est que le tiers de la souffrance généralement ressentie. Quand vous réussissez à isoler votre souffrance actuelle des deux autres, vous la réduisez concrètement. Cessez d'évoquer les souffrances du passé et vous restreignez la souffrance du tiers. Suspendez les souffrances à venir, vous la réduisez d'un autre tiers. Celle-ci devient beaucoup plus endurable.

TIREZ À PILE OU FACE, PUIS METTEZ-VOUS EN ACTION

Sauf dans des situations décisives, il est surprenant de constater à quel point même une situation compliquée peut être résolue simplement. Parfois, le hasard peut aussi bien convenir qu'une rumination à n'en plus finir. Dans certains cas, essayer une solution aléatoire permet de trancher rapidement entre des options de valeur égale.

Vous avez pesé le pour et le contre sans résultat concluant ? Alors, choisissez au hasard !

Un collègue me confiait que ses premiers voyages en couple avaient été un véritable enfer. Pas un jour ne passait sans que sa conjointe et lui se disputent au sujet de tout et de rien. Ils ne s'entendaient pas sur la direction à prendre pour se rendre à destination, sur la durée de leur séjour aux différents endroits, sur les hôtels dans lesquels ils logeraient et les attractions qu'ils visiteraient. Ils se querellaient tellement qu'ils en venaient à vouloir voyager chacun de son côté. Mais ils ne pouvaient s'y résigner, car ils aimaient la compagnie de l'autre. Alors, ils ont opté pour une solution originale. Chaque jour, l'un d'eux prenait toutes les décisions. L'autre devait s'y soumettre sans rouspéter et, surtout, de gaieté de cœur. Le lendemain, c'était au tour de ce dernier de prendre les commandes. Malgré leurs divergences et grâce à ce compromis, ils réussirent à passer d'agréables vacances.

Tellement de chemins mènent à Rome ! Il existe d'innombrables façons personnelles d'arriver à ses fins. Est-ce qu'il vous arrive d'hésiter longtemps avant de prendre une décision anodine, comme le choix d'un menu ou la chemise que vous porterez aujourd'hui ? Certains considèrent ce genre de décisions aussi sérieusement que si c'était une question capitale. Dans ces cas-là, tirez à pile ou face ! Dans certains choix qui présentent peu de risques, il est tout à fait convenable de tirer au sort ou d'essayer une solution de remplacement pour voir si elle vous convient. Après coup, il sera toujours possible d'essayer autre chose.

Comment savoir si la solution que vous choisissez est la « bonne » ? En vérité, ce n'est que lorsque vous l'aurez *essayée* que vous saurez si elle l'est. Pas avant. Cela signifie qu'il faut tenter quelque chose, parfois n'importe quoi, et examiner si cette chose a contribué à résoudre nos difficultés.

Le choix de Fabienne

Fabienne tentait de décider si elle allait rompre ou non avec son petit ami, qui l'agressait verbalement. Elle lancerait une pièce avant de se coucher pour déterminer comment elle se comporterait le lendemain. Si la pièce tombait sur face, Fabienne devait vivre comme si son copain ne faisait plus partie de sa vie. Si elle tombait sur pile, elle devait vivre comme si elle en était encore amoureuse. Lorsqu'elle lança la pièce, Fabienne se mit en action. En se prêtant au jeu, elle se rendit compte que ce qu'elle désirait vraiment, c'était de retrouver sa liberté. Voilà qui était plus important que le côté de la pièce lui-même. Fabienne entreprit dès lors de passer la prochaine semaine sans son copain. Elle se sentit soulagée et elle en conclut que cela correspondait à son choix véritable.

Évidemment, tenter une solution ne permet pas de savoir si d'autres idées pourraient convenir. C'est *une* manière possible de résoudre un problème ; cela ne dit rien sur les autres manières d'y arriver.

Néanmoins, généralement, on fait l'erreur de penser qu'il y a une *meilleure* solution que les autres. Pas vraiment ! La seule manière de savoir si une solution est appropriée pour *vous* est d'observer l'effet qu'elle a dans votre vie. Les gens qui vous connaissent bien et les professionnels peuvent être de bons conseils. Mais une solution est appropriée lorsqu'elle vous apporte un bien-être. Alors, retenez-la et réitérez-la en temps opportun. Ajustez-la selon vos besoins. Si elle s'est avérée utile pour d'autres, mais que, pour vous, elle ne donne rien qui vaille, vous ne devriez pas vous acharner.

Ne perdez pas de temps à chercher la « meilleure » solution ; elle n'existe pas.

Ne dit-on pas que faire maintes fois une chose qui ne fonctionne pas est un signe de folie ? Selon un principe formulé par Steve de Shazer, il n'est pas recommandé de reprendre une même façon qui a déjà échoué. « Si ça ne marche pas, faites autre chose », déclarait-il.

La longue marche de Gandhi n'aura pas été vaine. Elle a convaincu des millions de gens qu'il y a assez de richesses sur cette terre pour que chacun ait sa part. Gandhi a eu gain de cause ; un pas à la fois lui a suffi pour gagner du terrain sur la violence et l'injustice entre les peuples. De même, Kyle McDonald a vécu une aventure inimaginable en misant sur un simple trombone qui traînait sur son bureau. Ce bout de métal l'a conduit à des kilomètres de chez lui. En échange, il a obtenu une maison.

Croyez-vous qu'un premier pas puisse transformer votre existence ? Comme Kyle McDonald, pensez-vous qu'une chose inhabituelle peut vous mener loin ?

Entamez le phénomène exponentiel par un premier battement de vos ailes !

Benjamin Franklin affirmait que, étonnamment, les humains font toujours la même chose et qu'ils s'attendent à ce que cette *même* chose donne un résultat *différent*. Ils sont fous, ces humains ! Mais le fait de modifier une seule de vos habitudes peut provoquer un changement constructif. Changez le contexte dans lequel survient votre problème, déplacez votre attention sur autre chose que votre souffrance, entreprenez une action au hasard. Dans tous les cas, au moment où vous vous mettez en mouvement, vous cessez de vous percevoir au bas de l'échelle et vous commencez à grimper les barreaux, un à la fois.

Généralement, chaque personne connaît quelques solutions à son problème. Par exemple, elle sait qu'elle devrait apprendre à dire « non » plus souvent ; qu'elle devrait s'en faire moins avec des pacotilles ; qu'elle devrait prendre du recul et mettre les événements en perspective ; qu'elle devrait voir le bon côté des choses ; qu'elle devrait vivre plus dans le « moment présent ». Elle sait que si elle fait « ci ou ça », elle s'en portera mieux. Bien sûr, ce n'est pas tellement compliqué : presque tout le monde sait quoi faire pour résoudre définitivement ses problèmes... Mais il faut bien admettre une vérité qui crève les yeux : dans les faits, *c'est très dur de changer !* Dans les prochaines pages, nous reconnaissons cette difficulté et proposons un truc pour la déjouer.

À vous de jouer

Tirez à pile ou face

Il vous arrive d'être indécis ? Vous ne savez pas quelle option choisir ? Vous hésitez devant des directions qui se valent ? Chacune des options comporte des avantages et des inconvénients... Laissez le hasard déterminer le premier pas que vous ferez.

Prenez une pièce de monnaie et déterminez le côté qui représente l'une ou l'autre des possibilités. Pile représente l'option A et face, l'option B. Lancez la pièce et voyez quelle est l'option gagnante. Dès maintenant ou en temps opportun, comportez-vous selon cette option gagnante. Puis, observez si elle est vraiment bénéfique pour vous. Si c'est le cas, adoptez-la. Dans le cas contraire, modifiez-la jusqu'à ce que son effet vous convienne, ou optez pour une autre action, plus favorable.

L'important, c'est de sortir de l'immobilité et de vous mettre en marche pour atteindre votre but. Dans l'action – plutôt que dans la rumination –, vous découvrirez l'option qui vous va bien.

TRUC 7

Choisissez vos combats

Connaissez-vous la vie d'Abraham Lincoln ? Il est probablement l'un des meilleurs exemples de persévérance. Il ne lâchait vraiment pas ! Or, Lincoln a enduré la défaite toute sa vie. Dès son jeune âge, sa famille a été chassée de sa maison, sa mère est morte et il a dû travailler pour subvenir aux besoins de ses frères et sœurs. Il a voulu étudier en droit, mais il a été refusé au concours d'admission. Il a perdu huit fois ses élections, il a fait deux faillites et il a passé presque vingt ans à rembourser ses dettes. Avant son mariage, sa fiancée est morte, puis il a fait une dépression nerveuse. Lincoln aurait pu se trouver mille et une raisons d'abandonner ou de maudire le sort, mais il ne l'a pas fait. Parce qu'il a persévéré, il est devenu l'un des plus grands présidents des États-Unis.

Dans une moindre mesure, le défi ultime de toute démarche de changement – après avoir fait un premier pas – est de poursuivre sa route. Ne pas lâcher ! Faire un deuxième pas, puis un troisième, puis ceux qui suivent. Tout le monde sait qu'il est beaucoup plus difficile de maintenir ses efforts lorsque l'enthousiasme des premiers jours a disparu. Quand on prend une bonne résolution au jour de l'An, le mois de janvier passe et on a tenu le coup. Le défi, ce sont les onze prochains mois ! On entreprend un régime alimentaire, on s'inscrit au centre de conditionnement physique, on mange des légumes et des fruits, on perd quelques kilos en trop. Mais la « vraie affaire », c'est de persister.

Pour persister, il faut briser ses habitudes, mais on y résiste. Parfois, on y résiste très fort. On est bien dans nos vieilles pantoufles. Curieusement, on s'attache à certaines de nos difficultés, parce qu'elles sont *tout* ce que l'on connaît. On y est tellement habitué, que l'on ne saurait agir autrement. Alors, reconnaissons une vérité difficile à admettre, et pourtant réelle :

Personne n'aime changer.

Même si chacun le souhaite ardemment, un changement est rarement une expérience vécue sereinement. Bien sûr, au bout du compte, on est content du résultat, mais la période de transition requise est difficile, voire pénible, pour la plupart des gens. Surtout si le changement est imposé par une source extérieure. Si le changement est désiré, on espère secrètement qu'il tombera du ciel. On veut qu'une situation change sans que l'on ait à changer soi-même ; on rêve qu'elle se transformera par la pensée magique.

Il arrive aussi que l'on veuille deux choses opposées : s'améliorer, tout en restant le même. Des parties de nous-mêmes se déchirent. Notre cœur veut changer, mais notre intellect tente de préserver le *statu quo*. Pour déjouer ce dernier, il faut apprendre la ruse des plus rusés. Dans un premier temps, il s'agit d'admettre honnêtement que c'est difficile de changer. Dans un second temps, il faut faire quelque chose d'inconcevable : lâcher prise.

Cessez de vouloir à tout prix changer votre situation.

AVEZ-VOUS PEUR DE CHANGER?

Des gens changent ; certains se transforment même du jour au lendemain. Vous souvenez-vous de Léna qui se réveillait la nuit pour montrer ses talents de jeune pianiste et impressionner les invités de son père ? Un jour, elle a réalisé qu'elle se produisait comme un chien savant avec ses enfants, ses patrons, ses convives... avec tout le monde. Alors, elle a décidé de cesser de faire le *show*. Du coup, sa vie a changé foncièrement. Adrian le cocu était harcelé par son ex-conjointe Linda, qui lui demandait toutes sortes de services. Il s'est montré indépendant à son égard, alors Linda a arrêté de l'importuner.

La majorité des gens ne se métamorphosent pas aussi facilement. Plusieurs d'entre nous sont aux prises avec des habitudes, des façons de faire et de penser qu'ils ont du mal à abandonner. Ils essaient tant bien que mal, mais ils échouent. Ils ont terriblement... peur de changer. Même lorsque les modèles qu'ils adoptent sont la cause de graves problèmes, ils ne réussissent pas à s'en défaire.

Le vrai Noham

Noham se présente à mon bureau. Il est au pied du mur, car il a reçu un ultimatum du comité de discipline, qui lui impose une thérapie à la suite de plaintes pour harcèlement. Ses collègues déplorent ses mots blessants et sa conduite déraisonnable. Certains le redoutent franchement.

Devant moi, ce jeune homme dans la trentaine se tient le torse droit, en maîtrise de la situation, d'une manière qui m'intimide. On croirait qu'il est en état d'alerte, comme une bête à la gueule ouverte et aux crocs menaçants. Il me regarde intensément comme s'il me devinait. Il déballe son histoire avec des mots qui ne font pas partie de mon lexique courant. Ces mots m'atteignent comme mille flèches parfaitement alignées sur sa cible, si bien que je me sens dans mes petits souliers.

Aussi, je suis étonnée quand, au milieu de notre entretien, il se met à pleurer à chaudes larmes. D'une voix effacée, il avoue qu'il craint le jugement d'autrui. Pour ne pas paraître vulnérable, dit-il, il veut se montrer *le* plus redoutable. Pour ne pas avoir l'air stupide, il se montre *le* plus brillant. Je suis touchée par ce garçon vulnérable qui se camoufle sous une cuirasse épaisse. Derrière la stature imposante, le regard scrutateur, les formules bien faites, se trouve un être qui a peu confiance en lui-même.

Un combat a lieu en lui. Dans le coin droit du ring se tient un personnage bardé d'une armure protectrice solide dans laquelle il se sent inattaquable et se tient prêt à déverser une tempête de paroles hargneuses pour convaincre son interlocuteur de sa supériorité. Dans le coin gauche, se révèle le vrai Noham : accessible, sensible, authentique et doté d'une intelligence émotionnelle des plus touchantes. Mais, à tous coups, son personnage prend le dessus avec une force inébranlable et le vrai Noham se volatilise.

Noham doit modifier son « sale caractère », selon ses termes, s'il veut poursuivre une carrière dans son établissement. Néanmoins, cet « autre que lui-même » est collé à sa peau. Malgré toute la bonne volonté dont il témoigne, il ne réussit pas à s'en dépouiller.

Nous redoutons tous le regard d'autrui. Vous et moi n'en sommes pas épargnés. Comme Noham, chacun se crée un personnage, un *autre* que soi-même, pour éviter le rejet ou le mépris. Derrière celui-ci, on se voit comme un imposteur. Pour éviter d'être démasqué, on se montre plus avenant qu'on ne l'est réellement, plus enjoué, plus séduisant, plus doué, plus bavard, plus sûr de soi.

> *On s'attache à ses personnages parfois plus qu'à soi-même.*

De nombreux « personnages » franchissent les portes de mon bureau avec cette terreur universelle de ne pas être à la hauteur et s'inventent un rôle pour affronter le monde. Seulement lorsqu'ils sont à l'abri du regard d'autrui, les êtres se montrent sous leurs vrais jours, beaux et touchants.

Dans certaines circonstances, les gens craignent avec raison de changer. Cette résistance au changement est *légitime*. Cela peut leur paraître difficile de s'améliorer, cela peut sembler injuste, inapproprié, prématuré… Dans ce cas, il est préférable d'apprivoiser leur peur de changer, de l'approcher avec considération plutôt que de la confronter sans ménagement.

VOULEZ-VOUS CHANGER ? ÊTES-VOUS *PRÊT* À LE FAIRE ?

Pour opérer un véritable changement, il convient de respecter certaines règles. Que ce soit pour résoudre ses difficultés psychologiques, pour maintenir une perte de poids ou pour tenir une résolution du Nouvel An, la première règle du jeu est la même.

Règle no 1 : vouloir changer.

Une personne s'en sortira mieux si elle a la *volonté de changer*. Négliger ce précepte conduit presque à coup sûr à un échec. Plus encore, les gens peuvent *vouloir* changer, mais ne pas être *prêts* à le faire. Cette nuance est importante.

À l'intérieur de soi, deux forces contradictoires s'opposent : la volonté de changer et la disposition à le faire. Par exemple, on peut avoir le désir d'être en meilleure condition physique, mais se dire que ce sera pour plus tard. On peut vouloir de tout notre cœur « passer à autre chose », mais ne pas être disposé à affronter l'inconnu, pour l'instant.

Règle no 2 : être prêt à changer.

Plusieurs fumeurs désirent cesser de fumer. Des buveurs désirent arrêter de boire. Ils *veulent* changer, mais plusieurs ne sont pas *prêts* à le faire. Selon le modèle de James Prochaska, professeur à l'Université du Rhode Island, seulement de 10 à 15 pour cent des fumeurs et des buveurs sont effectivement *prêts* à changer. Un plus grand nombre, soit de 30 à 40 pour cent, se trouvent dans un état de « contemplation » : ils jaugent leur problème, l'examinent passivement ; bien qu'ils admettent devoir arrêter, ils ne sont pas *vraiment* prêts à passer à l'action. La grande majorité des consommateurs, soit de 50 à 60 pour cent sont au stade de la « précontemplation » ; ils vivront plusieurs périodes d'ambivalence avant de cesser de fumer ou de boire.

Des gens veulent arrêter de boire ou de fumer, d'autres veulent cesser d'être mal dans leur peau, de vivre des conflits ou de souffrir et ils souhaitent se sentir mieux. Pour ce faire, ils doivent nécessairement changer quelque chose à leur existence. Mais jusqu'à quel point sont-ils prêts à le faire ?

La volonté ou la disposition ne peut être provoquée par une force extérieure, comme il est inconcevable de tirer sur une plante afin qu'elle pousse ; la seule chose que l'on risque de faire ainsi, c'est de l'arracher ! On doit attendre que le mouvement vienne de la plante elle-même. Il en est de même pour l'humain. Lorsqu'une personne affirme : « Je souhaiterais que "ça" change, mais je n'ai pas le courage de faire quelque chose moi-même pour que ça change », cela signifie qu'elle n'est pas prête.

Il est impossible de forcer quelqu'un à changer.

« OUI, MAIS… »

Acceptez-vous parfois de faire quelque chose sans le *vouloir* vraiment ? Cela arrive ! Vous n'êtes pas seul. On se sent obligé, on promet que l'on s'exécutera, mais le cœur ne suit pas. À certaines occasions, on *voudrait* bien changer, mais on le ferait à *cause* d'un autre, c'est-à-dire qu'on le ferait parce qu'il nous le *demande,* voire qu'il l'*exige.* On préférerait dire « non », alors on dit « oui, mais… ».

Lorsqu'on ajoute un « mais » après un « oui », si sincère soit-il, c'est un peu comme si on disait « non ». Pourquoi ? Parce que le « mais » l'emporte dans nos messages, surtout lorsqu'il est accompagné d'un langage corporel qui en dit long sur nos contrariétés.

LÉON, L'INDIFFÉRENT

Léon se présente à mon bureau avec un air piteux et indifférent. Il souhaiterait être ailleurs, ça se voit ! Sa mère et son père me l'envoient *espresso* avec un avertissement catégorique : il va voir le psy ou il est mis à la porte, car il a été pris en flagrant délit à vendre de la drogue à l'école.

À tout bien considérer, Léon préfère être ici que dans la rue, mais rien ne le laisse croire si je me fie à son attitude d'huître. Ses yeux fixent un point en bas à gauche de je ne sais quoi, ses bras croisés sont solidement attachés à son torse et je sais qu'il me faudra de la patience pour briser le silence qui s'installe entre nous.

Je risque une question : « Léon, as-tu envie de me parler ? » Sur le coup, il reste silencieux et son attitude est impénétrable. Il veut qu'on lui fiche la paix. Je lui demande si je peux l'aider. Avec une voix à peine audible, il marmonne ceci : « Oui, mais je n'ai rien à te dire. »

Du point de vue de Léon, il n'y a pas vraiment de problème ni de raison de s'alarmer. Du moins, il n'y aurait pas de problème *si* ses parents, *si* la direction, bref *si* l'autorité ne s'en plaignait pas.

Toutes les situations ne sont pas toujours aussi préoccupantes que celle de Léon. Néanmoins, parfois on subit la pression d'une autre personne qui sévira d'une manière ou d'une autre si on ne fait pas ce qu'elle attend de nous. Et souvent, même quand on est aux prises avec de sérieux ennuis, on attend que les choses s'arrangent d'elles-mêmes.

À notre défense, admettons que cela prend un énorme cran pour changer sans que ce soit de façon totalement volontaire. D'une part, cela demande des efforts. Valent-ils la peine ? À la frontière du changement réel, on est récalcitrant à nous y engager, croyant que nos efforts ne donneront rien ou presque.

Par ailleurs, il n'est pas facile de vouloir une chose pour soi-même qu'une autre personne désire plus que soi. Pourquoi l'autre ne comprend-il pas *notre* version de l'histoire, n'entend-il pas *nos* très bonnes raisons d'agir comme on le fait ? On a besoin que l'autre reconnaisse notre point de vue, notre peur de passer à l'action, comme notre déception de ne pas être compris. Que l'autre reconnaisse les efforts que l'on fait tout de même. Sans cela, il est très peu probable que l'on bouge réellement.

JEANNE, LA PLAIGNARDE

Jeanne défile ses plaintes comme une sérénade qui n'en finit jamais. Pas une journée ne passe sans qu'elle se plaigne d'un détail ou d'un autre. De l'attitude hautaine de son patron, qui gagne trois fois son salaire et n'accomplit que le dixième de son travail. De la tendance déplorable de la génération *Y*, qui accorde une importance disproportionnée à sa sainte « qualité de vie » et qui ose s'absenter le vendredi après-midi, alors qu'*elle*, elle n'a jamais pris un congé de maladie, même grippée, estropiée ou ménopausée. De sa belle-fille de vingt-sept ans, qui atterrit chez elle le week-end et qui se laisse servir comme une reine. De son conjoint, qui ne dit rien, surtout devant son *ex* qui veut une pension alimentaire plus élevée depuis qu'elle a perdu son emploi et qui ne tient pas à retourner sur le marché du travail.

Des Jeanne, il y en a partout. Y compris en nous ! À l'occasion, il faut bien en convenir, on se plaint d'une situation injuste, d'une personne désagréable, de la mauvaise température, des soins médiocres que l'on subit parfois à l'hôpital, de la file d'attente qui se forme alors que l'on est tellement pressé. Dans certaines circonstances, on éprouve un sentiment d'impuissance devant une situation. On est en quelque sorte *victime* des « autres ». On vou-

Vous avez le pouvoir de changer vos attitudes à l'égard des choses.

drait bien changer des choses, mais on se sent démuni. Alors, à quoi bon ?!

Pourtant, chacun a le pouvoir de reconnaître le rôle qu'il joue dans une situation. Cela suppose de changer ses attitudes face aux choses. Mais c'est parfois tellement difficile !

QUAND VOUS FAITES FACE À L'ÉCHEC

Chaque personne est unique et peut construire son monde à son image. Un monde différent de celui des autres. Chaque construction étant aussi valable que les autres, il n'y a pas qu'une seule manière acceptable d'exister. Il y en a des millions. Le point de départ est de dire un premier « Oui ! Je suis prêt au changement et je ne demande qu'à faire les premiers pas ». Mes nombreuses années à accompagner les gens qui se débattent pour sortir de leurs impasses m'ont persuadée que, sans cette volonté et cette disposition, les considérations les plus raisonnables, les preuves les plus évidentes, les tactiques les plus raffinées et le soutien le plus total n'y feront rien. Alors, il faut admettre que l'on fait face à l'échec.

MILO ET SONIA RETROUVENT L'ACCALMIE

Milo et Sonia considéraient la thérapie de couple comme leur dernier recours. Pendant plusieurs semaines, ils ont tout essayé pour réparer les blessures accumulées et retrouver l'amour enseveli sous un tas de ressentiments. Mais les exercices pour se rapprocher, les règles pour se respecter, les trucs pour mieux communiquer n'ont rien donné.

Lors d'une rencontre ultime, ils ont envisagé la séparation. Après avoir discuté un certain temps, d'un commun accord, ils ont admis qu'ils n'avaient pas la force de poursuivre leur relation. Malgré le profond désenchantement et la tristesse insondable qu'ils éprouvaient à l'idée de se perdre mutuellement, ils ont retrouvé un peu d'énergie à la pensée de se quitter.

Ils ont alors déterminé le premier geste pour préparer leur rupture. Milo a choisi de fréquenter ses copains afin de s'éloigner de la maison et Sonia a décidé de faire chambre à part. De façon surprenante, ils ont ainsi créé une accalmie entre eux.

Ils m'ont téléphoné la semaine suivante en affirmant une chose étonnante : les gestes qu'ils avaient faits pour préparer leur séparation les avaient rapprochés, contre toute attente. L'amour était plus fort ! Ils voulaient se rendre au bout du chemin tracé devant eux. Toutefois, ils se sont promis que s'ils flanchaient de nouveau, ils s'éloigneraient définitivement.

Parfois, c'en est assez de recoller les morceaux. Quelques mois après ce coup de téléphone, Milo et Sonia se sont séparés pour de bon. Comme eux, des gens désirent rétablir l'harmonie dans leur couple ou améliorer leur état personnel, mais ils éprouvent de grandes difficultés. Même avec un « oui », généralement quelques obstacles se pointent à l'horizon ; la partie est rarement gagnée d'avance.

VOUS ALLEZ MIEUX? ALORS ALLEZ-Y LENTEMENT !

Si les choses vont mieux, tant mieux ! Même si elles restent pareilles, qu'elles sont ni mieux ni pires, vous devez sans doute faire quelque chose de bien, puisqu'au moins la situation ne s'est pas détériorée. Si les choses sont pires, selon Steve de Shazer, il faut vous dire que, quelquefois, le fait d'aller plus mal est justement ce qui nous amène à rebondir. Acceptez la douleur, la peine, la colère, la frustration, l'ennui… comme un état normal que seul le temps peut apaiser. Au fil du temps, l'intensité s'affaiblira, les conflits intérieurs s'atténueront et vos préoccupations diminueront.

Peu importe le changement que vous désirez, il ne faut pas vous attendre à ce qu'il survienne par un simple claquement de doigts. Ce serait beaucoup trop d'attentes à votre égard et vous risqueriez d'être déçu. Avancez lentement, mais sûrement.

NORMAND, LE VIEUX GARÇON

Normand aura bientôt soixante ans. Il est soudainement pris de panique. Son existence est devenue « ordinaire ». Sa routine est des plus lassantes : le café du matin, ensuite la lecture du journal, la promenade du chien, les séries télévisées, puis la visite hebdomadaire chez ses parents. Horreur ! Normand prend conscience qu'il est un vieux garçon et il ne souhaite vraiment pas passer le reste de sa vie à la perdre.

Il fait un exercice qui consiste à dresser une liste à deux colonnes. La première représente son image du « vieux garçon ». La seconde correspond à l'inverse de cette image… Le célibataire débauché ! Voyez sa liste :

Vieux garçon	**Célibataire débauché**
Il a de petites manies.	Il a une vie désordonnée.
Il reste à la maison.	Il sort dans les bars.
Il visite régulièrement ses parents.	Ses parents, il s'en balance !
Il mange des aliments sains.	Il fréquente les restos de *fast-food*.
Il ne se préoccupe pas de son apparence.	Il s'habille de façon audacieuse.
Il se couche tôt.	Il a une vie nocturne.
Il est matinal.	Il fait la grasse matinée.
Il est soupe au lait.	Il ne s'en fait pas pour des riens.
Il respecte ses engagements.	Il est égocentrique.
Il est « propre ».	Il est « négligé ».

Un jour de cette semaine, il changera l'une de ses habitudes. Il remplacera un des éléments de la première colonne par un autre de la deuxième. Par exemple, il changera « être matinal » par son contraire, « faire la grasse matinée ». Il fera comme s'il devenait un peu « célibataire débauché ». Il modifiera une seule habitude, durant un jour seulement.

Quelques jours plus tard, Normand a un air que je ne lui connaissais pas. Sa tenue vestimentaire est assez curieuse : une chemise rouge à grosses fleurs orange et des sandales. Il a les traits tirés, mais un sourire béat. Il raconte son week-end « torride », alors qu'il a suivi la recommandation... et même fait un peu plus. Samedi matin, il a pris le petit-déjeuner au lit en se prélassant devant ses albums de photos de jeunesse. À midi, il s'est enfin levé. À la fin de l'après-midi, il s'est rendu dans les magasins pour s'acheter les vêtements qu'il porte en ce moment. Plus tard, il a réalisé un de ses fantasmes : il est sorti dans un bar gai. Dimanche, le téléphone l'a réveillé : ses parents inquiets de ne pas avoir eu de ses nouvelles craignaient qu'il soit malade.

Normand y a dangereusement pris goût ! Il désire refaire l'expérience le plus tôt possible. « J'ai le sentiment de mettre un terme à mon ancienne vie et de recommencer à neuf », admet-il d'un seul souffle. Il en parle comme d'un « enterrement de vie de vieux garçon ». Il veut expérimenter d'autres façons plus excitantes de carburer. Il est prêt à changer sa garde-robe, à sortir la nuit, à consommer des frites et à se lier avec des amis excentriques. Il trouve l'idée totalement *cool* ! Il doit ralentir ses ardeurs : « Stop, Normand ! Pas trop vite ! »

Quand la situation semble s'améliorer très vite, il faut rester alerte. Le risque de *rechute* est plus grand. Mais est-ce si grave ? Selon le thérapeute américain Paul Watzlawick, rechuter serait une « bonne chose ». Oui ! C'est parfois une bonne chose de rechuter le plus tôt possible.

Après un progrès trop brusque, il arrive que l'on propose à des clients de retrouver leurs problèmes. Devant la possibilité d'une rechute, deux réactions sont alors possibles. Première réaction : ils refusent de rechuter ; alors, ils s'améliorent presque contre leur gré. La rechute n'aura pas lieu, ce qui prouvera qu'ils peuvent éviter quasiment *volontairement* de tomber dans leurs vieilles habitudes. On les félicite de leur entêtement ! Seconde réaction : ils acceptent la consigne et la rechute a lieu. Souvent, cette rechute *intentionnelle* leur permet de mieux saisir ce qui ne fonctionne pas. De plus, elle démontre que, s'ils sont *tellement* habiles pour produire *délibérément* leurs ennuis, ils peuvent sans doute les faire disparaître. Du coup, ils prennent conscience qu'ils ont un certain pouvoir sur ceux-ci. Dans ces deux cas, le mot d'ordre est de continuer à « y aller doucement » et de se contenter de peu.

Trois pas en avant, deux pas en arrière !

Normand éprouvait l'urgence de transformer sa vie. Un seul week-end dans le personnage du célibataire débauché a suffi à lui donner le goût d'un changement dans sa personnalité. Mais une transformation radicale n'était pas de bon augure. « C'est trop tôt, Normand ! » Le vieux garçon n'était pas un déchet à jeter à la poubelle ! Certains aspects de son tempérament étaient encore utiles, alors que d'autres étaient effectivement superflus. Normand devait attendre avant de se débarrasser du vieux garçon. D'autant plus que le célibataire débauché ne correspondait pas en totalité à ce qu'il voulait devenir.

Il a donc retrouvé volontairement son vieux garçon le week-end d'après. Il a repris son train-train quotidien. Mais ses petites manies lui ont paru assommantes. Il a mangé puis a promené le chien sans entrain, il s'est rendu chez ses parents par obligation et a échangé avec eux sur les mêmes potins. Il s'est rendu compte que cette routine ne lui convenait plus. Il avait envie d'une vie plus excitante. Il a décidé de retourner au bar qu'il avait découvert et s'est mis à penser qu'il aimerait bien s'y faire un ami.

LA RÉSISTANCE, C'EST NOUS !

Chacun a le pouvoir de changer les choses ou de s'empêcher de le faire. Malgré ce que l'on croit, les obstacles qui se dressent sur notre route ne sont pas nécessairement à l'extérieur de nous. Ce ne sont pas les « autres » ou une situation hors de notre contrôle qui nous empêchent d'être heureux. Généralement, c'est nous ! Nous sommes notre adversaire principal. Selon le paradoxe du changement, on résiste au changement aussi fort qu'on a le désir sincère de changer.

La *résistance* est une bête noire qui gêne notre désir d'aller mieux. Nous désirons évoluer et nous nous mettons en marche, mais cette « vilaine résistance » réussit à nous mettre des bâtons dans les roues et à nous faire douter sérieusement de nos chances de progresser. Elle nous fait perdre nos moyens devant l'adversité.

Hasan se sent vieux

Hasan est âgé de soixante-dix-huit ans. Il se trouve franchement laid et vieux. Il lui arrive de rêver qu'il est un crapaud prisonnier d'un sortilège. Mais le baiser d'une belle dame n'y change rien. Au matin, le miroir lui renvoie brutalement l'image d'un personnage tout ridé à la place du prince charmant. Seul réconfort, il se rappelle qu'il y a un demi-siècle, son visage angélique et son corps athlétique lui donnaient un air d'Hercule, le héros grec. Grâce à ses atouts physiques, il avait remporté le concours du plus bel homme de son patelin !

Hasan se compare à cette époque et la vision qu'il a de lui-même le contrarie. Son corps n'est plus ce qu'il était et ses facultés se détériorent. Il se plaint de ne pouvoir grimper deux à deux les marches de l'escalier. En fait, il s'essouffle avant d'atteindre le palier ; il s'arrête au milieu en s'appuyant contre le mur s'il ne veut pas perdre l'équilibre. Il s'est toujours vanté de ne jamais être malade, mais depuis quelque temps, les rhumes bénins s'éternisent et les courbatures s'intensifient. Hasan accepte très mal ses limites. Il se dit qu'il n'a aucun pouvoir sur sa vieillesse et se laisse dépérir.

Pensez-vous qu'Hasan peut voir les choses autrement ? Le vieil âge à lui seul ne peut être responsable de son mal-être. Il accorde une importance démesurée à la perte de ses capacités physiques. Il se plaint de vieillir alors qu'il lui serait plus utile de se rappeler ses aptitudes qui restent intactes et de les nourrir, mais cela est presque impensable pour lui. De telles situations exigent une remise en question tellement importante que seules les personnes très positives y arrivent, et avec raison.

Comme Hasan, il arrive qu'on se lamente. On vieillit trop vite, on n'est pas aussi instruit, populaire ou riche qu'on le voudrait. Il arrive qu'on accuse les autres, la société, le temps de notre malheur. Toutes les raisons sont des subterfuges pour éviter de reconnaître qu'au-delà des circonstances, nous sommes les principaux acteurs de notre destinée.

DÉJOUEZ LA RÉSISTANCE GRÂCE AU LÂCHER-PRISE

La résistance n'est pas mauvaise en soi. Elle nous informe qu'une situation nous paraît tellement menaçante, que l'on doit s'en protéger. Notre manière de nous en protéger est de faire diversion de toutes sortes de manières. Certains se plaignent, bien sûr. D'autres se fâchent, se crispent, s'isolent ou se torturent l'esprit. Ils adoptent des modèles qui les font tourner en rond.

Il faut user d'adresse pour se dégager de ces mauvaises habitudes. Comment ? En laissant la plainte, la colère ou la tension s'exprimer, sans tenter de la dominer. Voyez ce qui se passe dans la discussion que j'ai eue avec l'intimidant Noham quelques semaines après notre première rencontre.

La colère de Noham

Noham m'avoua qu'il ne perdait jamais la face devant un interlocuteur. Il se targuait d'avoir toujours le dernier mot. Lorsque quelqu'un lui tenait tête, il ne ménageait aucun propos cinglant. Cette attitude provoquait un réflexe d'attaque et de défense. Les discussions s'envenimaient inévitablement ; les uns repartaient avec un sentiment de frustration, les autres renonçaient à entretenir un lien avec lui.

Noham commença ce petit jeu avec moi, non pas parce qu'il voulait m'attaquer, mais parce qu'il ne connaissait *que* ce jeu. Il me reprocha de ne rien connaître à sa réalité ni à la manière dont son père l'avait traité. « Tu ne peux pas savoir ce que je ressentais lorsque mon père m'humiliait. » Même si je pouvais m'imaginer ce qu'il avait ressenti, je le laissai faire sans rien dire. Il me raconta que son père le traitait de « petit sans cervelle ». Il lui faisait la leçon avec des mots pleins de hargne. Si Noham protestait, il le frappait avec tout ce qui tombait entre ses mains : une règle, une ceinture, un bâton... Il n'y avait rien à son épreuve.

Pendant un long moment, je restai en silence pendant que Noham fulminait de colère. J'écoutai sa plainte avec respect, sans mot dire. La voix chargée d'émotions, il finit par reconnaître qu'il était devenu cinglant et méprisant comme son père. Frappé par cette vérité douloureuse, il se mit à sangloter.

Un peu plus tard, Noham comprit qu'il pouvait enterrer son « sale caractère » derrière lequel il se tenait à l'abri et révéler le vrai Noham.

La meilleure façon d'affronter l'adversité, c'est de la considérer sans tenter de l'éliminer. Mais il faut une bonne dose de sang-froid pour aller au bout de sa rancœur et l'extérioriser. Accepter la colère, les plaintes, les doutes ; les considérer avec légitimité mène à un état où tout devient plus limpide et plus paisible. Cet état s'appelle le « lâcher-prise ».

LE JUDO PSYCHOLOGIQUE

La stratégie du lâcher-prise est inspirée du judo. Cet art martial enseigne qu'en utilisant la résistance à notre avantage, on gagne le combat. On pense à tort que la seule manière de se défendre contre un opposant est de contre-attaquer. En judo, au contraire, on laisse venir l'adversaire et on profite de son mouvement pour le mettre en déséquilibre. Pour parer à ses coups, la tactique la plus judicieuse est de *céder,* en laissant l'autre frapper dans le vide. Alors, il tombe, car il ne s'y attend pas.

Le judo psychologique consiste à accueillir la résistance lorsqu'elle nous habite, c'est-à-dire à s'incliner devant les pensées et les sentiments négatifs qui envahissent notre esprit. Le moine bouddhiste français Matthieu Ricard soutenait ceci : lorsqu'on lâche prise, la résistance se dissipe naturellement comme un nuage.

Le lâcher-prise est le plus sage des combats.

L'histoire de deux moines zen en pèlerinage permet d'illustrer cette conception. Alors qu'ils marchaient sur un long chemin menant à un monastère, les deux moines arrivèrent au gué d'une rivière. À cet endroit, ils virent une jolie jeune femme embarrassée qui se demandait comment traverser la rivière sans mouiller sa robe en soie. L'un des moines, sans autre forme de procès, la prit sur son dos, traversa le cours d'eau puis la déposa, propre et bien au sec, sur l'autre rive. Puis les deux moines continuèrent leur route. Au bout de quelques heures de marche, l'autre moine éclata. « Te rends-tu compte de ce que tu viens de faire ? Tu as touché une femme, alors que c'est formellement interdit par les commandements ! Comment as-tu pu faire une chose pareille ? » « J'ai déposé cette femme de l'autre côté de la rivière il y a longtemps, rétorqua son compagnon, alors que toi, tu la portes encore dans tes pensées. »

Comme ce moine, lorsqu'une personne s'abandonne aux circonstances et qu'elle accepte les choses telles qu'elles sont, elle atteint un état de paix intérieure. Cette paix ouvre les portes d'un changement réel qui mène à l'authenticité. Elle apporte le courage de se montrer tel que l'on est.

Une pareille leçon a été donnée à l'un de mes copains, dénommé Quentin. Mon ami me racontait qu'il prenait le golf très au sérieux à ses débuts. Il pratiquait beaucoup. Malgré le fait qu'il s'y adonnait avec assiduité et mesure, ses résultats ne s'amélioraient pas. En fait, il allait au golf comme s'il se rendait au travail et revenait déçu de ses performances. Il réalisa qu'il ne pourrait jamais gagner sa vie comme joueur professionnel, alors il se dit: « Aussi bien avoir du plaisir ! » Il décida de pratiquer avec moins d'acharnement. Ses résultats ne devinrent ni meilleurs ni pires, mais il éprouva beaucoup plus de contentement à jouer au golf. Une fois que Quentin accepta l'idée qu'il ne deviendrait pas un véritable champion, il cessa de s'en faire et aima beaucoup plus ce sport. Cette leçon s'applique au sport comme à toutes les activités que l'on fait supposément pour le plaisir...

VOULEZ-VOUS ESSAYER UN NOUVEAU JEU ?

Le nouveau jeu consiste à lâcher prise. Le plus sincèrement possible, admettez que votre résistance ou, en d'autres mots, vos peurs ont le droit d'exister. Puis, attendez que le temps fasse son œuvre. Aussi contradictoire que cela puisse paraître, lorsque vous réussissez (car il s'agit bien d'une réussite parfois surhumaine) à admettre que la résistance a raison d'exister, celle-ci démissionne. Elle vous laisse le champ libre pour accéder à un véritable état de sérénité.

Cette stratégie de dernier recours ressemble au tact dont une personne fait preuve lors d'une dispute quand elle admet que l'autre a raison. Vous avez assurément déjà fait l'expérience d'une discussion dans laquelle votre interlocuteur tentait de vous convaincre de son point de vue. Celui-ci se sert des mots avec robustesse comme s'il se retrouvait sur un champ de bataille. Il apporte une succession d'arguments dans le but de renverser vos ripostes. À ce moment, être capable de dire : « Tu as raison », puis se taire est une arme presque infaillible. L'autre perd généralement la force de ses moyens, car il n'a plus de mobiles pour vous convaincre. Il s'adoucit. Il modère ses propos. Dans certains cas, il en vient même à admettre que votre point de vue est fondé et qu'il n'est pas incompatible au sien.

En baissant les bras, vous gagnez le jeu.

La même aptitude s'applique à soi-même. Lorsque nos doutes, nos peurs ou nos sentiments d'impuissance ont pris le dessus sur notre volonté, on peut cesser de se battre et accepter d'avoir perdu la partie *temporairement*. On admet que l'on n'y arrive pas. Alors, qu'est-ce qui se passe ? Cette stratégie amoindrit la force des résistances.

Maxime accepte de perdre Noémie

Maxime s'est fait larguer par Noémie, une fois de plus. Leur relation ressemble à un jeu perpétuel de va-et-vient. Elle le quitte, puis elle revient. Puis elle le quitte encore. La dernière fois, Noémie l'a laissé tomber au profit d'une escapade de quelques jours avec un autre gars. Lorsqu'elle est rentrée, Maxime a été le premier à s'excuser de ses fautes. Lesquelles ? se demande-t-on. Il lui a fait toutes les promesses du monde : « Je ne serai plus possessif, je serai à la hauteur de tes attentes... » Le mois suivant, elle désertait de nouveau au bras d'un amant.

Pourtant, Maxime se montre charmant avec Noémie. Il lui offre des fleurs, des compliments, des « je t'aime » en abondance. Il lui apporte le petit-déjeuner au lit et lui masse les pieds. Depuis le début de leurs fréquentations, il a abandonné son équipe de hockey parce qu'elle déteste les patinoires couvertes et les filles qui les fréquentent. Il néglige sa passion pour les bagnoles parce qu'elle a en horreur l'odeur des moteurs à essence.

Maxime a tellement peur d'être rejeté qu'à partir du moment où Noémie revient dans sa vie, il cesse d'exister. Il a si peur de la perdre qu'il se perd lui-même. Sa frousse provoque ce qu'il craint par-dessus tout, car en se donnant entièrement à celle qu'il aime, il ne présente plus aucun intérêt à ses yeux et celle-ci part «voir ailleurs».

Maxime risque de nouveau de tomber dans le même filet: Noémie, qui l'avait quitté pour une aventure impossible, vient de lui donner signe de vie; elle désire revenir pour de bon et... avoir un enfant avec lui. Mais cette fois-ci, Maxime réussit à faire quelque chose qui lui semblait improbable: il met fin à cette relation tortueuse.

Lorsqu'une personne a *tout* tenté et que la situation se détériore à chaque nouvelle tentative pour trouver une solution, la stratégie ultime consiste à lâcher prise. Dans le cas contraire, continuer à se battre exacerbe son angoisse. Elle se met à avoir peur d'avoir peur, comme Maxime qui craignait d'être rejeté par Noémie. Le plus souvent, cette peur provoque ce que l'on fuit.

C'est une épreuve de taille pour l'orgueil que de s'avouer vaincu! D'accord, cela ne ramènera pas Noémie, mais Maxime cessera de vivre ces allers et retours incessants qui l'épuisent affectivement. Le lâcher-prise ne redonne pas ce que l'on cherche à tout prix, mais il permet de retrouver la sérénité. Maxime peut passer à autre chose!

Lorsque vous admettez qu'il est difficile de changer votre situation et que vous choisissez d'abandonner temporairement la partie, vous introduisez une toute nouvelle façon de jouer. En renonçant à maîtriser les circonstances, vous retrouvez une autre forme de contrôle, celui que vous avez sur vous-même. Vous renouez avec des facettes authentiques de votre existence. Soudain, les choses apparaissent autrement. Vous saisissez enfin qu'il n'est pas nécessaire de courir après le bonheur puisque celui-ci est à l'intérieur de vous.

Cette idée semble contradictoire au bon sens. Pourtant, à certains moments, il vaut mieux laisser survenir les événements pénibles que d'y résister ou de tenter de les dompter. Avant de passer au prochain chapitre qui approfondit cette idée d'acceptation des circonstances, je vous invite à vivre un moment de lâcher-prise.

À vous de jouer

Lâchez prise !

Inutile de vous battre pour toutes les causes ; choisissez vos combats ! Quand une situation vous demande des efforts surhumains, lâchez prise !

Expérimenter physiquement le lâcher-prise. La prochaine fois que vous êtes passager d'une voiture qui roule, ouvrez la fenêtre et sortez votre bras, en vous assurant de ne pas vous blesser. Maintenez votre bras tendu et vous constaterez que la pression du vent est alors très forte. Mais si vous détendez votre bras, vous verrez que le vent passe tout simplement à côté et que la pression s'atténue. Une expérience similaire est réalisée dans le courant fort d'une rivière ou le jet d'une baignoire à remous. Tenez votre corps ou un membre de votre corps très droit, le courant le frappera fortement. Détendez-le, vous vivrez l'expérience d'un doux massage.

Sur le plan psychologique, acceptez que les choses restent telles qu'elles sont. Vous désirez transformer votre personnalité sans y réussir ou vous espérez que des proches ou des collègues modifient leurs comportements ? Rien ne se passe et vous en éprouvez de la déception ou de la colère ? Cessez d'insister et de vouloir à tout prix que les choses changent. Comment faire ? Changez vos attitudes à votre égard ou à l'égard des autres. Il est possible que du positif surgisse de votre lâcher-prise !

TRUC 8

Imaginez des solutions insolites

Il y a un temps pour se battre et un temps pour lancer la serviette. Vous avez tenté dix fois, cent fois, mille fois de changer les choses, mais vos efforts n'ont produit aucun effet. Que diriez-vous d'accepter la situation, tout simplement ? On dit qu'*accepter* une expérience éprouvante permet de la dépasser ; résister à cette expérience ne fait que ralentir le processus de guérison.

Poussons un peu plus cette logique. Lorsqu'une personne veut être heureuse, mais qu'elle a toujours manqué son coup, elle peut expérimenter une amusante et absurde façon de continuer à être malheureuse et, paradoxalement, s'en porter mieux. Vous avez bien lu… *continuer à être malheureuse !*

Imaginez qu'une personne est incapable de se remettre d'une dépression persistante. Un thérapeute lui prescrit de faire une « déprime totale », mais selon une contrainte : elle doit se soumettre à une heure de grande dépression quotidienne. Pour cela, elle devra se mettre en pyjama, s'installer dans son salon ou sa chambre, tirer les rideaux, écouter une musique triste ou un film démoralisant et pleurer sans interruption pendant une heure, chaque jour. Ainsi « contrainte » à exagérer sa déprime, pensez-vous qu'elle aura plutôt envie de vite s'en affranchir ?

Milton Erickson comparait cette stratégie à celle de quelqu'un qui voudrait arrêter un puissant cours d'eau. S'il essaie d'y résister en se braquant contre la force du courant, il s'épuisera bien avant de réussir. Vous en avez peut-être fait l'expérience au chapitre précédent en vous opposant à la force du vent ou à celle du courant d'une rivière. Il est plus agréable de se laisser ballotter par cette dernière, n'est-ce pas ? La résistance, pensait Milton Erickson, est un courant qu'il vaut mieux suivre que d'y faire obstacle.

Là ne s'arrête pas l'analogie. Si on cesse de lutter contre une force adverse symbolisée par le courant d'une rivière et qu'en revanche, on oriente sa trajectoire, cette force nous propulsera rapidement vers notre but. C'est à partir de ce rationnel que l'énergie électrique a été découverte. Ce chapitre montrera comment vous y prendre en vous proposant des solutions qui fonctionnent contre toute attente.

Vos problèmes peuvent être une bonne chose !

METTEZ À PROFIT VOS PROBLÈMES

Tout n'est pas à rejeter du revers de la main. Certaines attitudes malsaines dont on aimerait se débarrasser peuvent nous aider à atteindre nos objectifs, à réaliser nos aspirations. Ne dit-on pas qu'il ne faut pas jeter le bébé avec l'eau du bain ? Des attitudes telles qu'avoir du mal à dire « non », à penser à soi, à vivre le moment présent peuvent apporter des bénéfices indirects qui ne sont pas à négliger.

TIA, LA PERFECTIONNISTE

Tia se pointe chez moi trente minutes après l'heure prévue. Elle est désolée d'être en retard, me dit-elle, embarrassée. Je lui réponds de ne pas s'en faire, car j'ai profité de son retard pour me détendre.

Tia aimerait vraiment être plus ponctuelle, mais, lorsqu'elle est sur le point de quitter la maison, elle commence à ranger un tas de choses. Le temps file et elle réalise soudain qu'elle est à la dernière minute. La même manie se produit à la fin de sa journée de travail, quand elle entreprend plusieurs tâches qui lui semblent urgentes. Je lui fais remarquer que cela lui permet de partir l'esprit libre. Pas vraiment, m'avoue-t-elle, car elle a toujours en tête les milliers d'autres choses à accomplir. Elle se fait un point d'honneur que la maison soit impeccable et que son travail soit parfaitement achevé. Je lui demande pourquoi elle voudrait changer cette habitude, si personne ne s'en plaint.

En fait, son perfectionnisme lui cause un paquet de problèmes. Son patron l'a avertie qu'il ne pouvait plus accepter ses demandes de délai. Néanmoins, elle ne peut se résigner à remettre un dossier tant qu'il n'est pas parfait. Je l'amène à réfléchir là-dessus : « Est-ce que tous les dossiers doivent être parfaits ? » « Non », me répond-elle. « Y a-t-il des choses qui sont plus prioritaires que d'autres ? » « Oui », finit-elle par dire.

L'autre jour, après le travail, elle a passé un temps fou à l'épicerie pour dénicher les meilleurs ingrédients d'une recette de pot-au-feu qu'elle désirait offrir à ses convives. Elle s'est ensuite rendue à l'école pour chercher sa fille, qui l'attendait depuis trente minutes, en larmes. L'éducatrice qui lui tenait compagnie a sermonné Tia, avec raison. Et elle se sentait vraiment coupable.

Sauf lorsqu'une situation est socialement inacceptable, un problème est un *véritable* problème quand il n'est pas accepté par la personne qui a ce problème. Mais lorsqu'elle accepte que son problème ne soit pas si grave ou qu'il soit une « bonne chose », à la limite, il n'y a plus de problème. La timidité, par exemple, cause des ennuis aux timides eux-mêmes, mais, généralement, les autres n'en font pas tout un plat.

Dans le cas de Tia, il y a peu de chance qu'elle accepte l'idée que son perfectionnisme soit une bonne chose, aussi est-elle surprise lorsqu'elle se fait demander pourquoi elle voudrait changer cette habitude. Les conséquences, notamment sur sa fille, lui donnent des remords justifiés. Toutefois, le perfectionnisme n'est pas un problème en soi. Les retards le sont, mais encore le sont-ils dans certaines circonstances et pas dans d'autres.

Le problème de Tia n'est pas totalement mauvais. Son perfectionnisme lui procure la satisfaction d'accomplir des tâches impeccables. Une fois le travail bien accompli, elle se sent fière d'elle. Mais, à certains moments, sa tendance excessive à rechercher la perfection doit être reléguée au deuxième rang ; par exemple, il est hors de question qu'il lui fasse manquer un rendez-vous avec sa fille. De plus, au travail comme à la maison, il y a des tâches que l'on peut bien faire sans que tout soit irréprochable. Tia doit établir ses priorités et viser la perfection seulement quand c'est essentiel.

ÇA POURRAIT ÊTRE PIRE !

Un problème n'est pas si grave s'il apporte aussi des gains, mais s'il est sérieux, on a raison de s'en faire.

Imaginez qu'une personne éprouve un grand tourment et que je commence par lui dire : « C'est terrible ! Je comprends votre douleur. Elle va malheureusement continuer un certain temps. » Si je dis ces mots, son tourment risque d'augmenter. Elle sera décontenancée. Cependant, si je termine en ajoutant qu'il est possible néanmoins qu'elle s'en sorte mieux et plus rapidement que prévu, l'espoir renaîtra.

Malgré son apparence, cette tactique - c'est-à-dire considérer que des difficultés sont vraiment considérables, mais qu'une personne pourra s'en soustraire - est préférable à la consoler en affirmant : « Vous verrez, ça ira ! » D'ailleurs, on le sait - les vendeurs le savent –, trop rassurer paraît faux, peu crédible et inquiétant !

Joseph a perdu son emploi

Joseph vient de perdre un emploi lucratif. Il travaillait pour le même établissement depuis quinze ans et s'y donnait entièrement, ne réservant que de rares journées à sa vie personnelle. À court terme, il n'est devant aucune perspective de travail et il éprouve un sentiment d'impuissance. Il a du mal à se redéfinir et il ressent un vide existentiel. « Quel drame ! » lui dis-je. Comme la majorité des gens qui perdent leur emploi, il a l'impression de recommencer à zéro. « Les sentiments que vous éprouvez pourraient durer un long moment. D'ailleurs, certains ne s'en sortent jamais. Mais en ce qui *vous* concerne, je suis convaincue que *vous* réussirez mieux que d'autres. » Joseph repart de mon bureau gonflé d'un espoir contagieux et prêt à se relever les manches pour entreprendre un nouveau départ.

Pourquoi cette stratégie fonctionne-t-elle si bien ? Parce que, lorsqu'on exagère les conséquences d'une situation, on ne peut qu'être soulagé devant le dénouement réel des événements. Ce truc est bien connu des individus pessimistes « défensifs » qui anticipent toujours le pire des scénarios. Au bout du compte, ils sont soulagés devant les événements, qui ne sont jamais aussi dramatiques qu'ils l'avaient présagé.

Votre situation pourrait être pire, mais vous vous en sortirez mieux que les autres.

De plus, cette stratégie utilise la comparaison positive pour renforcer l'estime de soi. Joseph possède des aptitudes qui le distinguent du lot. Lui, il peut s'en sortir plus facilement que d'autres. Il a du cœur au ventre et cette qualité lui servira à retrouver sa valeur personnelle. Il découvrira aussi qu'une perte d'emploi peut être un tournant pour redéfinir ses priorités et en profiter pour faire des changements constructifs.

DES SOLUTIONS « NON ORDINAIRES » ET SPONTANÉES

Plus souvent qu'on veut l'admettre, des solutions basées sur une « logique ordinaire » ratent leur cible. La preuve : combien de personnes ont arrêté de fumer ou de boire en diminuant progressivement leur consommation ? Très peu. Certains problèmes récurrents nécessitent un autre type de raisonnement. Ils exigent de mettre en application l'expression américaine utilisée en marketing : *thinking outside the box*. Cette expression signifie qu'il faut parfois sortir de la façon habituelle de penser pour trouver des solutions originales.

Connaissez-vous l'énigme de Roméo et Juliette ? Laissez-moi vous la raconter. Dans une pièce dont la porte était fermée à clé, mais la fenêtre grande ouverte, il y avait une table. Cette table était située juste devant la fenêtre. Au sol, à côté de la table, on a trouvé des bris de verre et de l'eau, et Roméo et Juliette qui gisaient, morts. Leurs corps n'avaient aucune trace de blessure. Comment expliquer leur mort ?

Pour résoudre l'énigme, on cherche une explication logique. D'abord, on pense qu'un objet a fracassé la vitre et les a heurtés, mais cela est impossible puisque la fenêtre était ouverte et qu'ils ne sont pas blessés. D'où viennent les bris de verre et l'eau ? La réponse à cette énigme est que Roméo et Juliette sont des poissons rouges et que leur bocal est tombé de la table à la suite d'un grand courant d'air qui a traversé la fenêtre. Comme d'autres problèmes insolubles, il faut sortir de la logique ordinaire pour imaginer que les deux « amoureux » puissent ne pas être des humains, mais des poissons.

Des solutions non ordinaires marchent là où la logique échoue.

On peut tirer une leçon des énigmes comme celle-ci. Lorsqu'une solution rationnelle rate sa cible, on a la possibilité de quitter les sentiers battus en utilisant une logique alternative. Les psychothérapeutes italiens Giorgio Nardone et Alessandro Salvini précisent que cette logique dite « non ordinaire » est fondée, entre autres, sur ce que l'on apprend de la persistance des problèmes psychologiques. Lorsqu'un problème se perpétue malgré de nombreuses tentatives, il faut innover en essayant quelque chose d'irrationnel.

Quelquefois, il n'est pas nécessaire de se gratter les méninges pour trouver une solution réfléchie. Une personne peut résoudre un problème spontanément en s'inspirant de ce qui est disponible dans son environnement.

William et son ourson

William pleurait toutes les nuits lorsque sa mère allait le coucher. Elle le rassurait doucement, mais chaque fois qu'elle venait pour quitter sa chambre, il se mettait à sangloter de plus belle, de telle sorte qu'elle avait pris l'habitude de veiller son enfant jusqu'à ce qu'il s'endorme.

Un jour, la mère se blessa. Le soir venu, désemparée et souffrante, elle demanda à William de se mettre au lit par lui-même. L'enfant se mit à pleurer sur-le-champ. Voyant un ourson au sol, la mère improvisa ce petit conte : « Dans un pays lointain, chaque famille avait vingt enfants. Lorsqu'un enfant était assez sage, le chef du village lui remettait un ourson particulier, une sorte de superhéros qui protégeait l'enfant. Cet ourson pouvait le consoler lorsqu'il était triste et le défendre contre ses ennemis, car il montait la garde la nuit. Chaque enfant sage recevait un ourson qui ressemblait à celui-ci (elle montra l'ourson sur le tapis du salon) ; les autres n'avaient pas d'ourson et devaient se faire border par leurs parents. »

Au bout d'un moment d'hésitation, William ramassa le toutou et demanda à sa mère s'il était assez grand pour s'endormir seul avec son ourson. Elle le lui confirma. Il se mit au lit sans rouspéter. Le lendemain soir, il expliqua à sa mère qu'elle n'avait pas à l'accompagner jusqu'au dodo, son ourson ferait le travail.

Un événement apparemment anodin peut changer les choses.

La mère n'a pas fouillé dans l'inconscient de William pour trouver la source de sa peur du noir et elle ne l'a pas sermonné au sujet de son refus à s'endormir seul. Elle a improvisé une solution qui n'avait pas de lien direct avec la source du problème.

Le renommé psychologue Paul Watzlawick racontait cette autre anecdote étonnante d'un couple qui n'avait pas eu de relations sexuelles depuis plusieurs années. Un soir, ils couchèrent chez un ami. L'un des côtés du lit était collé contre un mur, ce qui forçait les conjoints à sortir du lit d'un seul côté. Durant la nuit, le mari fut pris d'une grande envie d'uriner. Malheureusement, il se trouvait du côté du mur. Pour se rendre aux toilettes, il devait passer par-dessus sa femme, puis repasser de nouveau pour prendre sa place dans le lit. Le couple se trouva ainsi dans une position qui les inspira et ils eurent une relation sexuelle ! De retour chez eux, ils reprirent ce petit jeu.

Qui aurait dit que, pour augmenter les rapports sexuels, il fallait placer le lit de manière à ce qu'un des côtés touche au mur ? C'est tout simplement étrange ! Cette solution ne découle pas de la raison pour laquelle le problème survient (pourquoi les conjoints ont cessé de faire l'amour), elle émerge d'un simple changement dans l'environnement (l'emplacement du lit).

L'AVANTAGE D'ÊTRE INTELLIGENT, C'EST QUE L'ON PEUT TOUJOURS FAIRE L'IMBÉCILE, ALORS QUE L'INVERSE EST IMPROBABLE !

Cette phrase de l'excentrique Woody Allen rappelle que certains peuvent changer leurs attitudes sans difficulté. Ils peuvent faire l'opposé de ce qui leur semble cohérent, tandis que d'autres font toujours la même chose et s'enlisent. Cette « même chose » qu'ils croient utile, en fait, perpétue leur problème.

Stéphanie, la femme responsable

Stéphanie est une femme « responsable », une conjointe parfaite et une mère aimante. À la maison, elle s'occupe des tâches ménagères comme une reine du foyer ! Elle prend soin des enfants – les siens et ceux de son conjoint –, elle fait les repas, les devoirs, le ménage, l'épicerie... Elle fait tout, tout, tout, après avoir accompli sa journée au bureau !

Ces mois-ci, elle se sent à bout de nerfs. Je lui suggère d'agir à l'inverse de ce qu'elle a toujours fait et d'être temporairement une femme « irresponsable ». À la fin de sa journée de travail, elle ira prendre un café avec une copine et rentrera à 21 heures. Elle laissera un message dans la boîte vocale de son conjoint pour l'avertir de son retard et lui demandera de s'occuper des enfants.

La semaine d'après, lorsqu'elle revient à sa consultation, elle me prévient qu'elle n'aura plus besoin de mon soutien. Elle me raconte qu'elle a fait exactement ce que je lui avais suggéré. Son conjoint a d'abord été troublé. Puis, il s'est ravisé. Le soir même, il a amené les enfants au restaurant et il a joué avec eux. Avant l'heure du dodo, il leur a raconté une longue histoire à dormir debout. Les enfants étaient heureux d'avoir passé cette merveilleuse soirée avec papa. Le lendemain matin, ils implorent Stéphanie de s'absenter plus souvent ! Pour sa part, son conjoint admit qu'il n'avait pas passé une si belle soirée depuis des lunes et il s'engagea à recommencer régulièrement.

On peut améliorer une situation en la laisant se détériorer par elle-même ! Contrairement à ce que l'on croit, il faut parfois se montrer moins travaillant, moins ordonné ou moins intelligent. Il faut faire « moins de la même chose » pour que ça change. Stéphanie doit en faire « moins » et laisser son conjoint prendre des initiatives auprès des enfants pour leur plus grand bonheur. La mère de William doit être moins protectrice pour l'aider à grandir. Tia doit être moins parfaite au travail pour accorder plus de temps à sa fille. Et vous ? Aimeriez-vous délaisser certaines habitudes raisonnables au profit d'un meilleur équilibre de vie ?

ESSAYEZ QUELQUE CHOSE D'ABSURDE

Dans certains cas, le raisonnement semble moins efficace qu'une suggestion dont la nature étrange va à l'encontre du bon sens. Une telle suggestion peut toutefois provoquer certaines peurs. Peur de perdre le contrôle, de blesser l'autre, de ne plus être aimé, d'avoir l'air ridicule ou inadéquat. Même si ces peurs sont injustifiées, vous ne pouvez les raisonner. Vous savez que vous avez tort de craindre une situation qui risque peu d'advenir, mais vous la craignez, un point c'est tout. Vous pouvez cependant affronter vos appréhensions en faisant quelque chose d'absurde. Souvent, ça marche !

YANIS, L'ANXIEUX

L'anxiété de Yanis vient de sa crainte excessive de commettre une maladresse, car alors la terre entière s'effondrera ! Tous cesseront de l'aimer pour toujours et à jamais. Sa conjointe le jettera à la rue comme une ordure, son patron le licenciera et ses collègues lanceront une propagande de haine sur Facebook – «Yanis est un cafard» –, ses parents le déshériteront, ses enfants le mépriseront devant leurs copains, ses propres amis lui tourneront le dos lorsqu'il les croisera dans la rue. Quel enfer il s'invente à partir de l'idée d'une seule bévue inoffensive !

Je propose à Yanis de se permettre une chose complètement insensée : faire *volontairement* une gaucherie, dès aujourd'hui. Il peut mettre des bas de couleur différente, se tromper de prénom lorsqu'il salue un collègue, laisser tomber un bouquin au sol, donner une indication erronée à un piéton, être dans la lune lorsqu'il discute avec sa femme...

Yanis commet donc une première maladresse. À l'heure du lunch, il mange plus négligemment qu'à l'habitude. Les clients du café remarquent son drôle de comportement, mais ne disent mot. Amusé par la situation, Yanis décide d'en mettre un peu plus. Il tache volontairement sa chemise et n'essuie pas les détritus de nourriture laissés sur son menton. Il retourne au travail exactement comme il est et lorsqu'il s'installe à son bureau, les collègues qui l'entourent se mettent à rire franchement. Yanis éclate à son tour.

Pendant des mois, chaque nouveau jour, il se met à badiner en prenant un malin plaisir à surprendre ses collègues par ses tenues vestimentaires dépareillées et à étreindre ses proches d'une manière clownesque. Désormais, il se prend moins au sérieux et dédramatise les situations qu'il considérait comme critiques.

Qu'est-ce que l'anxiété ? C'est de se prendre *très* au sérieux ! C'est anticiper des scénarios qui ne surviendront pas. Ces scénarios créés par le mental échappent au raisonnement. Ce sont de fausses croyances, mais elles nous obsèdent. Elles réussissent à prendre le contrôle de notre esprit. Aucune argumentation n'a de poids contre elles. On ne peut que s'étonner ou être impressionné par notre imagination troublante.

On ne peut pas rassurer Yanis outre mesure, mais s'il fait quelque chose qui lui prouve qu'il a tort de s'en faire autant, ses craintes peuvent s'estomper progressivement. De même, si un homme est persuadé qu'il mourra *littéralement* si sa femme le quitte, on peut lui proposer de *partir* lui-même un week-end avec ses camarades. S'il prend l'habitude de ces petites sorties, il apprivoisera sa peur.

On ne se libère pas de nos peurs en évitant les situations qui nous les font vivre. Il en est ainsi pour la peur des araignées, celle des ponts ou des ascenseurs : il faut les affronter pour s'en libérer. C'est le principe de la désensibilisation. On apprend tôt ou tard que l'imperfection, le ridicule, la paresse ne tuent pas et que, au contraire, commettre ces maladresses nous rend plus humains.

PROVOQUEZ VOLONTAIREMENT LE PROBLÈME

Yanis doit faire délibérément de petites maladresses. Cela est plus efficace que de s'en inquiéter trop et, justement, de se tromper plus souvent. La peur de parler en public peut être dépassée grâce à la même tactique. Une personne qui craint de s'exprimer devant les autres fera des efforts pour dominer sa peur. Ce faisant, elle paraîtra crispée et sa peur sera justifiée. Si elle commence son discours en déclarant publiquement qu'elle a le trac, qu'arrivera-t-il alors ? Plutôt que de faire des efforts pour dissimuler son symptôme, elle l'annoncera et la peur disparaîtra en même temps que son effort pour la vaincre.

Que diriez-vous de provoquer intentionnellement l'une de vos difficultés ? Généralement, lorsque des gens font volontairement ce qu'ils craignent, assez vite, ils réalisent que leurs craintes ne sont pas fondées. S'en faire pour des riens ou s'en faire constamment leur paraît alors plutôt ridicule et ils cessent naturellement de se tracasser. Au contraire, à force d'éviter les peurs, celles-ci peuvent prendre une ampleur démesurée.

Laissez-moi illustrer ce procédé par un exemple qui fera sourire certains conjoints. Une femme demandait continuellement à son mari de lui dire qu'il l'aimait pour la rassurer. Il le lui disait encore et encore, mais elle ne s'apaisait pas, ce qui exaspérait le conjoint et le rendait effectivement moins aimant. À force d'acharnement, la crainte d'être abandonnée par lui pourrait bien finir par se concrétiser. Pourtant, elle était consciente de sa propre obsession. « Je sais qu'il m'aime, mais je ne peux m'empêcher de le lui demander. » Une solution inhabituelle fut prescrite : cette femme devait continuer à poser sans cesse la même question : « Est-ce que tu m'aimes ? » Et, d'un commun accord, le conjoint devait répondre : « C'est vrai, je ne t'aime pas et je ne vais certainement pas tarder à te quitter. » Le couple

Courez après vos problèmes pour mieux vous en échapper !

fit l'expérience une première fois. Cette réponse provoqua un rire immédiat et minimisa les inquiétudes de la femme. Heureux du dénouement, le couple décida de recommencer. Le conjoint allait répondre qu'il quitterait sa femme chaque fois que celle-ci lui poserait la question. À long terme, la femme cessa de le lui demander et de s'en inquiéter outre mesure.

L'efficacité de cette stratégie a fait la renommée des programmes du service de psychiatrie et de psychosomatique de l'hôpital Saint-Jean à Bruges, en Belgique. Ces programmes sont menés par les psychiatres Luc Isebaert et Marie-Christine Cabié. Ces formidables intervenants aident des personnes alcooliques et toxicomanes à se reprendre en main en admettant que leurs tendances à l'excès puissent être utiles à leur rétablissement. Ils demandent à des buveurs ou à des fumeurs de ne rien changer à leur consommation. Ces derniers acceptent donc de continuer *volontairement* à boire ou à fumer. En fait, peu importe ce qu'ils font, qu'ils boivent ou qu'ils cessent de boire, qu'ils fument ou qu'ils cessent de fumer, ils en sortent gagnants. Comment ? D'une part, s'ils suivent la consigne - accepter de boire ou de fumer -, ils expérimentent le contrôle de leurs symptômes puisqu'ils le font volontairement ; puis, ils découvrent que s'ils ont *volontairement* accepté de boire ou de fumer, ils sont capables d'utiliser leur *volonté* pour cesser de boire ou de fumer. Au contraire, s'ils ne suivent pas la consigne - s'ils ne boivent pas ou ne fument pas -, ils se rendent compte qu'ils ont réussi à prendre momentanément le dessus sur leurs symptômes et ceux-ci finissent par diminuer ou par disparaître.

Lorsqu'une personne désire arrêter de boire, il lui est demandé de continuer à boire. Quand des conjoints souhaitent cesser les hostilités, ils doivent se quereller volontairement. Pour réduire l'anxiété ou la dépression, les gens doivent simuler qu'ils sont anxieux ou déprimés.

Comment un problème peut-il mener à l'absence du problème?

Comment *continuer* à boire peut-il mener à *cesser* de boire ? Comment *continuer* à se quereller, à s'alarmer ou à être déprimé peut-il faire disparaître les symptômes ? C'est absurde, mais, dans bien des cas, ça marche !

Le secret de cette stratégie repose sur l'idée suivante : lorsqu'une personne provoque volontairement un problème, elle retrouve le contrôle sur celui-ci. Alors, elle peut parvenir à le faire cesser par elle-même. À l'inverse, tant qu'elle tente d'éradiquer son problème et qu'elle n'y parvient pas, elle a plutôt l'impression de n'avoir aucun pouvoir sur lui.

Cette tactique fonctionne mieux lorsqu'une petite *différence* est introduite dans l'expression du symptôme. En d'autres mots, une personne peut gagner du pouvoir sur son problème en reproduisant son problème, mais avec une légère variante. Dans le cas qui suit, Tatiana n'a pas le profil d'une personne que l'on rencontre tous les jours. Elle adopte des comportements très inaccoutumés. Mais sa façon originale de résoudre ses obsessions peut être reprise dans des circonstances plus ordinaires.

Tatiana et le cube de glace

Tatiana était envahie par des sentiments de culpabilité excessive et un besoin démesuré de contrôle. Après les repas, elle se faisait vomir systématiquement, surtout si elle avait consommé quelques aliments nutritifs. Cela devenait très inquiétant. Sa « discipline personnelle » draconienne avait paradoxalement l'effet de la libérer temporairement de ses troubles intérieurs. Mais, le plus terrifiant, c'étaient ses gestes d'automutilation. Elle s'infligeait des brûlures et des coupures sur le corps. Ces gestes étaient devenus une habitude sécurisante. Elle savait quelle pouvait se délivrer de ses obsessions mentales en se faisant encore plus mal physiquement. Elle avait l'impression d'amadouer son lion intérieur en lui offrant des parties de son corps en pâture.

Tatiana devait absolument trouver un moyen de faire cesser ces comportements autodestructeurs. La relaxation, la méditation et les trucs *soft* ne convenaient pas à son tempérament impulsif. Semaine après semaine, la jeune femme recommençait ; la douleur physique semblait effectivement une soupape pour elle. Sans cette soupape, elle risquait de succomber à la folie et au suicide.

En fait, Tatiana *devait* avoir mal. Ce supplice physique l'éloignait d'un mal psychologique plus pernicieux. Il fallait chercher une méthode qui lui permettait d'avoir mal, sans risque. Soudain, une idée émergea, celle de remplacer les brûlures et les coupures par un cube de glace qu'elle tiendrait dans la paume de sa main. Le froid intense de la glace lui donnerait une sensation de brûlure vive. Ça ferait très mal, mais ce ne serait pas dangereux.

L'utilisation du cube de glace fut le début de la guérison. Tatiana utilisa la glace chaque fois qu'elle éprouvait le besoin de se *geler*. En acceptant délibérément ses excès, mais en les modifiant de manière à éviter les blessures, elle réussit très progressivement à mieux se contrôler.

Évidemment, aucune solution à un problème ne peut être appliquée à tout le monde de la même manière. Par contre, tout peut servir de levier pour améliorer sa vie. Même le symptôme le plus inquiétant peut être considéré comme une ressource. Soit dit en passant, Tatiana a réalisé que de la glace dans la paume de la main, c'est intolérable ! Elle a adoré cette douleur terrible ! Si terrible qu'elle en oubliait sa tourmente. Elle a appris aussi à faire cesser le mal à volonté en lâchant le cube de glace. Il en fut de même pour sa culpabilité.

Reproduisez le problème, mais changez-y un petit quelque chose.

La solution de Tatiana nous apprend qu'il est possible de réduire nos problèmes en les provoquant consciemment, mais en introduisant une légère différence. Lorsqu'on modifie quelque peu un problème, cela nous permet de reprendre du pouvoir sur lui. Par exemple, des personnes aux prises avec une surconsommation d'alcool peuvent continuer à consommer. Toutefois, avant d'ouvrir une bouteille de bière, elles peuvent boire un bon verre d'eau ou faire le tour de la maison à la course. Une fois cette petite tâche accomplie, il est possible qu'elles perdent le goût de boire.

ALLEZ JOUER DEHORS !

Les solutions les plus simples sont aussi les plus efficaces. L'exercice physique est un moyen universel et presque infaillible de résoudre tous les problèmes, peu importe leur nature. Dans la majorité des cas, il constitue une première étape qui mène à l'amélioration globale.

Lorsque nous faisons de l'exercice, nous ressentons une détente et nos difficultés paraissent moins oppressantes. Un entraînement quotidien peut produire un effet durable. Mais, dans des cas extrêmes, bouger représente bien plus qu'une distraction : cela nous évite de tomber plus malades ou de devenir plus désespérés. Un récit hors du commun raconte qu'un jour, un homme avait l'intention de se suicider. Son thérapeute lui suggéra une méthode sûre pour mourir. « Monsieur, à partir de demain et chaque matin, courez dans les rues de votre quartier jusqu'à ce que vous atteigniez votre objectif final ! » Cet entraînement physique lui fit tant de bien que cet homme n'eut plus envie de se suicider.

Bougez et vous serez de meilleure humeur !

Pendant l'exercice, et surtout si un effort physique important est exigé, les problèmes deviennent relatifs et font généralement place à une nouvelle attitude génératrice de solutions créatives.

Le corps et le cerveau sont intimement liés, si bien que lorsque le corps est en mouvement, le cerveau fonctionne au mieux. À l'origine, le cerveau humain s'est développé de manière à résoudre des problèmes liés à la survie physique. Dès lors, il fonctionne mieux lorsqu'on bouge et qu'on se déplace. Il réagit admirablement bien quand on doit régler des problèmes pratiques, quand on fait du sport ou qu'on défie les forces de la nature. À ce sujet, un collègue admettait que si l'on voulait construire un environnement totalement opposé aux ressources de notre cerveau, celui-ci ressemblerait à nos écoles et à nos salles de télé !

SUVAN EST LÉTHARGIQUE

La maman de Suvan ne savait plus quoi faire pour « stimuler » son garçon. À treize ans, il s'était installé dans une léthargie chronique. Il ne semblait éprouver aucun intérêt pour l'école – quelle surprise ! –, mais aussi pour les sports ou les arts. Il n'avait pas d'amis et, le plus dramatique, c'est qu'il ne s'en plaignait pas.

Sa mère était prête à tout pour sortir Suvan de cet état démoralisant. Elle voulait l'inscrire à des cours de piano, car il avait un formidable talent musical ; il refusait. Elle lui proposait de participer aux activités parascolaires ; il n'en avait aucune envie. Son mari avait construit une grande salle de jeu et y avait installé une table à dessin, un coin pour la lecture, un coin pour la musique avec des instruments, un coin pour les jeux de société ; Suvan préférait moisir dans la salle de télé à se divertir avec vous savez quoi...

« Dans mon temps », on nous disait d'aller jouer dehors et ça nous faisait plaisir ! Avant la télévision couleur, l'ultime punition consistait à nous priver de jeux extérieurs. Sans le savoir, les enfants avaient accès à la médecine la plus naturelle pour prévenir la dépression et l'anxiété. Ces maladies sont devenues des fléaux chez nos jeunes.

Les parents d'aujourd'hui peuvent exiger de leurs jeunes qu'ils bougent trente minutes par jour. Oui, cela n'a rien d'excessif. C'est le minimum pour se maintenir en santé. Si possible, qu'ils s'amusent dehors, il n'y a rien de mieux pour avoir des poumons roses, un beau teint et des idées fraîches ! Tant mieux si l'aire de jeu est agrémentée d'un panier de basket, d'un filet de hockey ou d'un trampoline ! Mais les parents n'ont pas à se culpabiliser s'ils n'ont rien de cela. Les jeunes sont créatifs, ils peuvent inventer des divertissements avec ce qui leur tombe sous la main.

À votre tour de jouer... dehors !

Vous aussi pouvez tirer profit de l'exercice et du grand air ! Vous êtes mal dans votre peau ? Inscrivez-vous dès aujourd'hui à un cours d'aérobie, de yoga ou à un centre de conditionnement physique. Vous avez le moral à plat ? Partez en randonnée, grimpez une montagne, faites du ski ou de la raquette. Vous broyez du noir ? Marchez, courez ou nagez. Vous êtes en colère ? Jouez au tennis, entraînez-vous à la boxe ou faites à la course un grand tour des rues de votre quartier. Lorsqu'on fait un exercice intense durant trente minutes, notre organisme produit des hormones de bien-être – la dopamine et la sérotonine –, qui ont un effet sur notre corps et notre cerveau. Cet effet est bien connu des athlètes. Après ces efforts, vous vous sentirez bien et la vie vous paraîtra sous un meilleur jour. Si vous n'avez pas le cœur à fournir de tels efforts, devenez entraîneur bénévole d'une équipe sportive de jeunes enfants !

IL N'Y A PAS DE LIMITE AUX SOLUTIONS INUSITÉES...

Vraiment, il n'y a pas de limites... surtout si on exploite son imagination et sa spontanéité ! La logique non ordinaire a fait la renommée des plus grands créateurs, mais des gens comme vous et moi faisant face à des problèmes courants ont imaginé des solutions exceptionnelles. En voici un exemple. En 1853, alors qu'il était chef cuisinier d'un restaurant de New York, Georges Crum inventa malgré lui les *chips*. Pour la énième fois de suite, un client détestable refusait son assiette de frites, trop épaisses à son goût. Énervé, le chef décida d'émincer tellement les pommes de terre que le client ne pourrait plus protester. Quelques minutes de friture, un peu de sel et le tour était joué. Contre toute attente, ces « copeaux » de pommes de terre firent sensation. Elles devinrent les amuse-gueules les plus répandus au monde.

Un autre récit véridique met en scène Paris à la fin des années 1800, une époque où la ville connaissait un important problème d'hygiène. Le nombre d'habitants avoisinait les deux millions et la présence de nombreux immeubles collectifs rendait les quartiers insalubres. Le préfet de la ville obligea les propriétaires à mettre à la disposition de leurs locataires des récipients pour contenir les déchets ménagers. Les Parisiens hostiles à ce nouveau règlement prirent l'habitude de désigner les réceptacles du nom du préfet : Eugène… Poubelle !

Parfois, une norme impopulaire devient le moyen le plus sensé pour assainir une ville. Ce qui vaut pour Paris vaut également pour chacun de nous. Une chose aussi déraisonnable que de laisser une situation problématique se détériorer par elle-même ou provoquer volontairement un problème peut s'avérer utile. Stéphanie a dépassé son sentiment d'exaspération en devenant temporairement irresponsable. Yanis a commis des erreurs en toute conscience pour réaliser qu'il valait mieux ne pas trop se prendre au sérieux.

Donc, même vos travers ne sont pas tous à jeter aux ordures ! Ils peuvent vous aider à trouver des solutions insolites. Les amplifier en provoquant des occasions d'être exagérément anxieux ou déprimé vous donne l'occasion de gagner progressivement du pouvoir sur eux. Comme on l'a vu dans ce chapitre, parfois, le meilleur moyen de les dépasser est de changer légèrement le contexte dans lequel ils surviennent.

Vos problèmes ne sont pas toujours aussi dramatiques que vous les imaginez. Évidemment, certains le sont, mais il arrive que vos inquiétudes soient disproportionnées. Avec un peu d'ouverture d'esprit, vous découvrirez que certaines difficultés peuvent vous apporter des bénéfices secondaires. Pourquoi vouloir les éliminer totalement ? Cessez de vous culpabiliser pour les problèmes qui n'en sont pas et souciez-vous de ceux qui sont véritablement toxiques. Ceux-là, vous avez raison de vouloir vous en affranchir.

La magie des solutions insolites est de découvrir des moyens qui tombent sous la main et qui peuvent créer un effet inattendu. Vous rappelez-vous ce couple qui s'est retrouvé dans une position inspirante sexuellement à cause d'un lit collé contre le mur ? Une solution est apparue spontanément, sans peine ni complication.

Des moyens simples comme aller jouer dehors, faire quelque chose d'absurde ou agir à l'inverse de ce que vous feriez habituellement peuvent guérir vos maux. Ne cherchez pas de solutions compliquées. Ne perpétuez pas pour la énième fois des tactiques qui n'ont mené nulle part : faites quelque chose de différent ou voyez les choses autrement !

À vous de jouer

Quelque chose d'absurde

Voulez-vous faire une chose totalement différente de vos habitudes ? Pensez à une difficulté personnelle que vous éprouvez. Cette semaine, sans en parler à personne, changez une petite chose concernant cette difficulté. Comme Stéphanie, agissez à l'inverse de votre tendance naturelle. Par exemple, si vous manquez de confiance en vous-même, agissez comme si vous étiez plus sûr de vos atouts. Si vous êtes inquiet, soyez insouciant pour quelques minutes.

Attention, ne le faites qu'un petit peu, à un seul moment de votre journée, sans plus. Une fois votre journée passée, examinez votre réaction à cet exercice et celle des autres. Recommencez et demandez aux autres de deviner ce que vous avez fait de contraire à vos habitudes. Ce jeu est une façon de remarquer les bons coups que vous faites volontairement ainsi que ceux que vous faites sans en être conscient et que les autres découvriront.

TRUC 9
Changez vos lunettes

La plupart du temps, les événements ne sont pas responsables de nos tourments. C'est la perception qu'on en a qui en est la source. Si les gens sont heureux, c'est qu'ils perçoivent les événements comme une occasion de grandir, tandis que les gens malheureux se considèrent comme des victimes et refusent d'évoluer. Vous souvenez-vous de Maurice qui s'accrochait à ses souvenirs de fourmis ? Édouardo prétendait être le mouton noir de sa famille. Pour sa part, William réussit à s'endormir paisiblement depuis que son ourson superhéros veille sur lui. Normand, lui, a enterré définitivement son vieux garçon.

Les gens heureux voient les choses autrement.

Voici l'une des principales leçons que j'ai apprises en observant les gens comme eux améliorer leur condition : ils changent de « lunettes ». Ils voient du bon là où ils voyaient du mauvais.

On le sait, il existe, d'une part, la réalité, et, d'autre part, la réalité telle qu'on la *perçoit*. Selon la théorie de la perception, vous ne pouvez avoir accès directement à la réalité, car elle est perçue par vos sens. Vos yeux, vos oreilles, votre peau, votre bouche forment une barrière perméable appelée un « filtre perceptuel » qui transforme la réalité. Ce filtre peut agir comme protecteur de l'ego : il laisse passer les aspects de la réalité qui sont compatibles avec notre image du monde et fait obstruction aux aspects dissonants. Ce phénomène de dissonance cognitive explique pourquoi deux personnes peuvent réagir différemment devant une même réalité. C'est ainsi que l'humain se construit une image singulière du monde, mais il finit par avoir un penchant pour cette image au détriment de la réalité.

On préfère voir le monde à travers nos lunettes.

Cette erreur de perception est illustrée à l'aide d'un exemple donné par le psychologue Paul Watzlawick : le billet de banque. Sa réalité ne réside pas, en premier lieu, dans le fait que c'est un morceau de papier rectangulaire portant certaines marques, mais plutôt dans la convention selon laquelle les gens lui donnent une valeur monétaire. Or, ils ont tendance à oublier que cette invention - le billet de banque - n'a de valeur marchande que dans leur esprit. En réalité, ce n'est qu'un bout de papier.

Il en est de même pour les différents aspects de l'existence : on prend notre *perception* des choses pour la réalité. Il arrive que cette perception contienne en elle-même une partie du problème et qu'il soit nécessaire de la remettre en question.

THOMAS, LE BATAILLEUR

Un lundi matin d'hiver, dans la cour d'une école de Montréal, deux garçons se battent. Le surveillant intervient pour les séparer. Il demande à Thomas de s'excuser, mais ce dernier refuse. Le surveillant invite l'autre gamin à quitter l'endroit et interroge Thomas sur ce qui se passe, puisque ces derniers jours, il n'arrête pas de se battre. Le garçon réplique que l'autre l'a frappé le premier et qu'il mérite une leçon. Le surveillant le renvoie en classe sur-le-champ et lui dit d'attendre la fin de la récréation pour réfléchir à cette situation.

Thomas disparaît pendant qu'une éducatrice s'approche du surveillant. Elle affirme que l'on devrait punir davantage le garçon. Si on le laisse filer, son cas va empirer, soutient-elle, et il deviendra un véritable petit démon. Le surveillant ne répond pas. Il est absorbé dans ses pensées. Il se demande ce qui peut bien se passer dans la tête de Thomas.

Pendant ce temps, Thomas ouvre la porte de l'école et se dirige vers les casiers. Il place ses vêtements dans l'une des cases, puis il ouvre d'autres cases pour y voir ce qu'elles contiennent. Ni vu ni connu, il pique un sac à lunch et une casquette sport. Il entend des pas derrière son dos et court se cacher dans les toilettes, où il engloutit le sandwich et camoufle la casquette sous son chandail.

Au retour de l'école, le garçon marche avec des copains. L'un d'eux le taquine au sujet d'une fille. Thomas le menace avec ses poings et s'en prend à lui. Pour éviter l'altercation, l'autre se sauve. Thomas rejoint le groupe d'amis, qui examinent avec fascination l'intérieur d'une voiture de luxe. Il sort un objet coupant de sa poche et trace une longue marque sur la carrosserie. Les garçons prennent la poudre d'escampette.

Ensuite, Thomas traîne seul jusqu'à la maison. Au passage, il voit un chat de ruelle. Il lui balance un tas de cailloux qui le fait fuir. Il considère la casquette qu'il a piquée, mais soudain il la flanque au sol et la piétine.

Quelle est votre perception de Thomas ? À votre avis, a-t-il hérité d'un tempérament détestable ? A-t-il manqué de modèles parentaux exemplaires ? Est-il influencé par ses mauvaises fréquentations ? Plusieurs le considèrent comme étant franchement antipathique et prétendent, à l'instar de l'éducatrice, que l'on doit sévir fermement. D'autres éprouvent de l'indulgence à son égard et se disent qu'une fois remis sur le droit chemin, il ne s'attirera plus tant d'ennuis.

Sauf la réalité accessible par nos sens, tout est une construction de l'esprit.

On oublie souvent que nos constructions mentales peuvent ne pas correspondre à la réalité. La suite de l'histoire de Thomas illustre comment les gens se font une idée de la réalité et s'accrochent à leur version, même si elle est erronée.

THOMAS, L'ENFANT MALTRAITÉ

Thomas arrive enfin chez lui, dans un appartement misérable. À la cuisine, sa mère nourrit le dernier-né qui pleure bruyamment. Le garçon s'installe pour regarder les dessins animés dans le salon exigu où ses sœurs jouent à la poupée. Les filles traversent la pièce en passant devant le téléviseur. « Eh, tassez-vous ! » hurle-t-il. Elles poursuivent leur jeu sans porter attention à l'ordre de Thomas. En colère, celui-ci bouscule l'une d'elles, qui se plaint à sa mère. Par-dessus les pleurs du bébé qui ne se console toujours pas, la mère gronde : « Je t'avertis, si tu pousses encore tes sœurs, tu auras une claque. »

Les filles ricanent et continuent à se déplacer devant le téléviseur. Thomas chahute de nouveau. Ses sœurs se plaignent à leur tour. La mère se lève, tire son fils par le bras et le frappe au visage. Les filles ont un clin d'œil complice pendant que Thomas est traité de « maudit effronté », puis envoyé dans sa chambre.

Beaucoup plus tard, le père revient du boulot. Il se sert quelques bières en consultant distraitement une lettre d'avertissement de la direction de l'école au sujet du comportement de Thomas. « Qu'est-ce que c'est ? Le p'tit maudit n'a pas encore appris à se tenir tranquille », pense-t-il à haute voix. Il se lève avec vacarme et entre dans la chambre où sommeillent les quatre enfants. Du salon, on entend la mère ordonner : « Ne réveille pas les filles ! » Le père soulève brutalement le drap qui recouvre le corps du garçon, le décolle du lit et le traîne jusqu'à la cuisine... On entend des coups, des plaintes et des cris étouffés.

Le lendemain, le surveillant remarque les blessures au visage de Thomas et lui demande de se rendre à l'infirmerie. Aux questions, le garçon répond qu'il est tombé dans l'escalier. L'infirmière n'en croit pas un mot et fait un signalement à la Direction de la protection de la jeunesse. Quelques jours plus tard, des intervenants se présentent à la maison ; ils emmènent Thomas qui se débat tant bien que mal. Ses parents s'offusquent.

La mère et le père n'admettent pas la légitimité de l'intervention. Ils prétendent que Thomas est un mauvais garçon et qu'il doit être corrigé sévèrement. Lorsque les intervenants tentent de parler des sévices infligés, les parents se plaignent des conditions sociales dégradantes dont ils sont victimes. Malgré le manque de ressources matérielles et humaines, ils refusent qu'on leur retire la garde du garçon, prétextant qu'il n'y a pas une seule façon juste d'élever un enfant. De son côté, Thomas s'entête à nier les mauvais traitements qu'il subit.

La plupart des problèmes partent des idées inexactes que les gens s'en font. Comme les solutions qu'ils cherchent découlent de ces idées erronées, ils font inévitablement fausse route. L'éducatrice croit qu'il faut donner une grave punition à Thomas pour que son comportement explosif cesse. Le père soutient que de le mater lui fera entendre raison. L'intervenante du Centre de protection de la jeunesse croit qu'il faut le retirer de sa famille contre son gré. Thomas, lui, pense qu'il est plus en sécurité chez lui que dans une famille d'accueil. Les solutions de l'un et de l'autre risquent de n'apporter rien de mieux à cette famille, qui vit des difficultés sur tous les plans.

PARFOIS, ON NE CHERCHE PAS À LA BONNE PLACE

Nos tentatives pour résoudre nos difficultés peuvent être des coups d'épée dans l'eau parce que l'on ne cherche pas les solutions à la bonne place.

À ce sujet, voici une anecdote que vous connaissez peut-être. Un soir, un homme cherchait sa clé près d'un lampadaire.
« Que fais-tu ? lui demanda un ami, intrigué.
- Je cherche ma clé, lui répond-il.
- Où as-tu perdu ta clé ?

- Je l'ai perdue là-bas dans l'obscurité, dit-il.
- Mais, si tu as perdu ta clé là-bas, dans l'obscurité, pourquoi la cherches-tu sous le lampadaire?
- Je la cherche ici, parce que j'y vois plus clair! »

Cet homme ne trouvait pas sa clé, car il la cherchait où elle ne se trouvait certainement pas. Certains de nos efforts pour remédier aux problèmes ne sont-ils pas aussi douteux? Paul Watzlawick donnait cette autre analogie très parlante: « Il nous arrive de commencer par soulever de la poussière, puis de prétendre être incapables de voir. »

Nos problèmes peuvent s'aggraver à cause de nos mauvaises tentatives de les résoudre. En fait, il y a deux façons d'aggraver nos difficultés: la première consiste à nier qu'un problème est un problème; la seconde est de tenter de changer une chose qui ne peut être changée. On reste pris dans un jeu sans fin qui persiste ou s'empire. Il en résulte au mieux un *statu quo*, au pire une aggravation de la situation. Pour vous sortir d'une telle impasse, regardez différemment vos problèmes, alors des solutions viendront simplement.

Afin d'illustrer ce phénomène, je vous propose un exercice. Prenez une feuille de papier. Sur cette feuille, dessinez neuf points répartis en trois colonnes comme dans le dessin suivant.

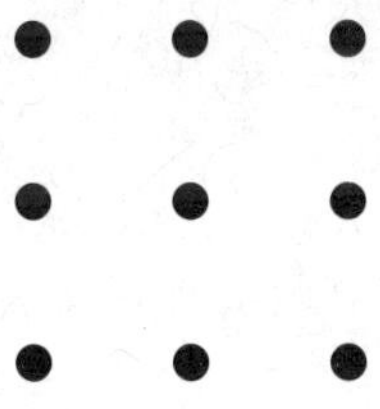

Maintenant, reliez les neuf points par quatre lignes droites en gardant toujours votre crayon sur le papier. Quatre lignes, ni plus ni moins. Le crayon doit *toujours* demeurer en contact avec la feuille. Passez sur *tous* les points. Prenez cinq minutes pour chercher la solution. Puis, jetez un coup d'œil à la réponse à la page suivante.

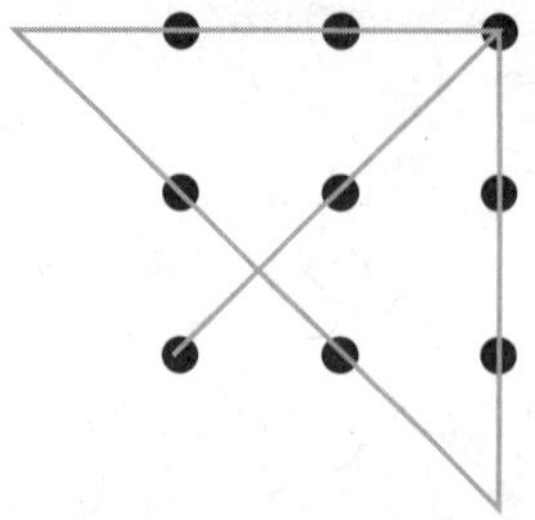

Les gens sont généralement surpris par la simplicité inattendue de la solution. Excepté ceux qui sont très imaginatifs, la plupart tentent de résoudre ce puzzle en ayant en tête une hypothèse qui rend sa résolution impossible. Sans en être conscients, ils se représentent les neuf points comme un carré invisible et ils cherchent la réponse à l'intérieur de ce carré. Le problème ainsi conçu, tous les efforts pour trouver une solution sont vains. Malgré toutes les combinaisons de quatre lignes, dans n'importe quel ordre, à la fin il reste toujours un point qui n'est pas relié aux autres. Cela signifie que la seule façon de trouver une solution consiste à sortir du cadre formé par les neuf points.

Sortez du cadre pour vous en libérer !

Une personne se retrouve avec un problème persistant si sa perception de la réalité est erronée et que ses solutions *cadrent* avec cette perception. L'éducatrice et les parents de Thomas affirment qu'il est un méchant garçon. Leur solution : le punir. Malgré les sévices dont il est victime à la maison, Thomas croit qu'il y est en sécurité. Sa solution : retourner chez lui. Pour trouver une solution véritable, il faut sortir du cadre en optant pour une vision élargie de la situation. Cette solution doit offrir des modèles parentaux adéquats et garantir des conditions favorables à la sécurité et à la santé de Thomas.

Le *recadrage* permet de donner un sens différent à une réalité qui, à son tour, donne accès à des solutions différentes. À partir du moment où vous découvrez qu'il est possible de dépasser le carré *fictif* des neuf points, l'issue apparaît d'elle-même.

CONCEVEZ UNE SITUATION AU-DELÀ DU «TOUT OU RIEN»

Le problème des neuf points sert à expliquer qu'à partir du moment où l'on perçoit le problème autrement, on découvre une toute nouvelle façon de le résoudre. On se dit: «Comment n'ai-je pu y penser avant?» Certaines erreurs de perception nous empêchaient d'y voir clair, alors que maintenant, cela semble si évident!

Une des erreurs de perception les plus courantes est d'avoir une vision dualiste des choses. Si une chose est mauvaise, il est improbable qu'elle soit bonne. Cette vision est une invention de l'esprit humain n'ayant aucun rapport avec la réalité qui, elle, est toute en nuances.

Entre le blanc et le noir, il existe le *gris*.
Entre tout et rien, il y a *beaucoup* ou *un peu*.
Entre jamais et toujours, il y a *parfois* ou *souvent*.

Le malheur des gens, c'est que, devant une situation, ils ont l'impression qu'il n'existe que deux options qui s'excluent mutuellement et oublient qu'entre celles-ci, il y a de multiples possibilités. Cette vision contamine l'existence des gens qui fonctionnent normalement dans leur quotidien, mais elle est la source de sérieux déséquilibres chez des gens fragiles sur le plan affectif.

JULES, ARIETTE ET THÉO

Jules est un homme agressif. Lorsque les jouets des enfants traînent au sol, il les écrase avec rage. Lorsqu'il peine à réparer un objet, il le lance à bout de bras et l'achève avec le marteau. Quand ses interlocuteurs lui résistent avec des arguments sournois, il les méprise sans ménagement. La police l'a arrêté parce qu'il est entré par effraction avec une arme blanche chez son voisin. Ce dernier avait installé une clôture sans l'aviser. Du point de vue de Jules, son voisin est un hypocrite, il veut sa peau et il ne peut lui faire confiance. Il doit se protéger de cette situation, qui est potentiellement menaçante. En vérité, Jules doit envisager la possibilité que *certaines* situations ne soient pas *nécessairement* menaçantes, que les gens ne cherchent pas *nécessairement* à le provoquer.

Ariette croit qu'elle sera assurément perçue comme une paresseuse si elle ne donne pas le maximum d'elle-même en tout temps. Chaque jour, elle travaille avec acharnement. Elle accepte tous les mandats qu'on lui confie. Elle refuse de se montrer vulnérable, jusqu'au jour où elle ne réussit pas à rentrer au travail, prise par de douloureux maux de ventre. Son médecin diagnostique un épuisement professionnel. Elle doit apprendre qu'il existe des options entre être *supraexcellente* et être totalement *fainéante*.

Théo, qui est âgé de douze ans, ne peut admettre la défaite. S'il perd aux cartes, il accuse la malchance; les autres ont eu une bonne main. S'il rate sa partie de tennis, le soleil l'a incommodé; il vire les talons et quitte le terrain. S'il a obtenu des notes moyennes dans son bulletin, ses enseignants sont dépassés; il n'aime plus l'école. Théo croit qu'il doit être *au-dessus* de la mêlée, sinon il n'est pas digne d'appréciation. Il doit apprendre que l'on peut *parfois* réussir, *parfois* échouer. C'est ça, la vie. Devenir adulte, c'est accepter de grandir malgré nos sottises.

Les gens perçoivent la réalité comme s'ils n'avaient pas de choix: ils sont comme ceci, *sinon* ils sont à l'opposé. Dans ce cas, le recadrage consiste à concevoir les situations au-delà du « tout ou rien ». Jules peut percevoir les gens sans mauvaise intention, ils n'éprouvent pas d'animosité préméditée à son égard. Ariette peut devenir une bonne travaillante, sans se vider. Théo peut gagner la partie à certaines occasions *et* apprendre que ce n'est pas tragique de la perdre à d'autres.

Considérez les options comme de multiples possibilités qui se complètent, plutôt que comme des facteurs qui s'opposent. Par exemple, lorsque deux personnes ne s'entendent pas, elles peuvent admettre que l'une *et* l'autre peuvent avoir raison. Et les deux peuvent avoir raison *et* tort!

Pourtant, nous préférons penser que l'autre est le seul à avoir tort. Quel soulagement de savoir qu'un problème repose sur les épaules d'un autre ! Cela nous permet de préserver l'illusion que nous sommes exempts de faiblesses, n'est-ce pas ? Comme c'est dur de se regarder soi-même.

On peut dépasser la dualité « si j'ai raison, tu as nécessairement tort ».

Une mère qui avait conduit son jeune fils chez Gandhi supplia ce dernier de dire au garçon de ne plus manger de sucre. Le mahatma réfléchit, puis, sans avoir parlé au garçon, demanda à la mère de le ramener dans quinze jours ; ce qu'elle fit. Alors, Gandhi regarda le garçon dans les yeux et lui dit : « Arrête de manger du sucre ! » La mère était étonnée : « Pourquoi m'avez-vous demandé de ramener mon fils après deux semaines ? Vous auriez pu lui dire la même chose la première fois. » Gandhi répondit : « Il y a quinze jours, je mangeais du sucre. »

La capacité de reconnaître sa part est le premier signe de la sagesse. La capacité de garder l'esprit ouvert et d'entrevoir différentes façons d'interpréter les choses, voilà ce qui fait la différence entre une personne qui est heureuse et s'entend avec les autres, et une autre qui se sent rejetée et qui est amère plus souvent qu'à son tour. Les gens modérés ont des pensées nuancées qui contribuent à atténuer les conflits, tandis que les gens qui tiennent des propos radicaux risquent malheureusement d'être responsables de situations qui échapperont de toute façon à leur contrôle.

Forcez-vous à entrevoir la réalité selon deux, trois, quatre points de vue.

SEMEZ UN PETIT DOUTE DANS VOTRE ESPRIT

Nous vivons notre existence comme une illusion et nous la considérons comme étant aussi réelle qu'un billet de banque ! Même si, logiquement, nous sommes prêts à admettre le contraire, nous agissons comme si notre perception était la vérité. Nous sommes certains de ce que nous avançons et nous croyons avoir raison de voir les choses comme nous les voyons.

Tout simplement, nous oublions que notre vision du monde est une vision partielle. D'ailleurs, il n'y a pas de problème à percevoir partiellement la réalité… jusqu'à ce que l'on découvre que cette perception est la source de nos difficultés. Dans ce cas, l'un des recadrages utiles consiste à mettre en doute nos convictions. Un petit doute suffit parfois à envisager notre situation bien différemment et à retrouver notre bonne humeur.

JOSÉE ET L'ESTIME DE SOI

Josée vit des hauts et des bas plus intenses que le commun des mortels. La fluctuation de ses états se manifeste notamment dans les relations difficiles qu'elle entretient avec les autres. Dans ses périodes agitées, elle fait des pieds et des mains pour devancer les attentes des autres et répondre haut la main aux exigences qui viennent de partout. Elle se comporte comme une supervaillante, une collègue indispensable, une amie extrafiable. Ensuite, lorsqu'elle se met à penser que certains en profitent allègrement et sans reconnaissance, son entrain disparaît et fait place à la mélancolie. Alors, Josée s'isole et refuse de répondre aux appels des gens qui s'inquiètent à son sujet.

Pourquoi agit-elle ainsi ? En bref, intérieurement, Josée se dit qu'elle ne mérite pas l'amour d'autrui. Pour compenser ce sentiment, elle en donne plus que le client en demande, selon l'expression connue. Puisque les gens manifestent peu leur gratitude, elle se replie sur elle-même. Ce sentiment qu'elle ne mérite pas l'estime des autres est ancré au plus profond d'elle-même.

Josée peut changer son point de vue. Elle peut concevoir autrement les relations qu'elle établit avec les gens et cela l'aidera à diminuer l'intensité de son agitation. Elle peut recadrer la situation en se disant que *seuls* les gens qui l'acceptent réellement méritent sa compagnie. Les autres qui profitent de son dévouement peuvent bien s'en passer, elle n'y perdra rien au change.

Un doute peut nous aider à « remettre les pendules à l'heure » et nous révéler les pièges dans lesquels nous nous laissons parfois prendre. Croire qu'il faut dépasser ses limites pour être aimé est une méprise. Josée a le droit d'être reconnue pour la personne qu'elle *est*, pas pour l'image de *superwoman* que les autres ont forgée ou l'image qu'elle-même veut dégager.

De votre côté, avez-vous une tendance à voir les choses de façon catégorique, c'est-à-dire blanches ou noires, et à vous rendre malheureux ? Notre image peut être à l'origine d'une faible estime de soi.

Semez un doute sain sur les duperies qui dirigent votre vie.

Cette jolie fable que je vous propose permet de réaliser que chacun a des qualités et des défauts et qu'une vision plus globale de vous-même peut vous rendre plus serein. Un porteur d'eau indien transportait sur ses épaules deux grandes jarres d'eau suspendues à un morceau de bois. L'une des jarres était parfaitement étanche, tandis que l'autre perdait presque la moitié de l'eau en cours de route. Chaque jour, pendant deux ans, le porteur d'eau ne rapporta que le contenu d'une jarre et demie. Un ami lui demanda pourquoi il ne remplaçait pas la jarre percée. Le porteur sourit et proposa à ce dernier de le suivre. Sur la route, l'ami admira les fleurs magnifiques qui poussaient au bord du chemin. Mais à la fin du parcours, il ne comprenait toujours pas pourquoi son compagnon refusait de réparer la jarre. Ce dernier lui fit remarquer que les belles fleurs n'avaient poussé que du côté de la jarre brisée, alors que l'autre côté de la route était presque complètement dénudé. « Parce que j'ai toujours su que ma jarre perdait de l'eau, j'en ai tiré parti. J'ai planté des semences de fleurs de son côté du chemin et, chaque jour, ma jarre les a arrosées. Grâce à elle, j'ai pu cueillir de magnifiques fleurs, qui ont décoré ma table lorsque je retournais chez moi. »

Comme la jarre brisée, chacun a des imperfections. Vous sentez-vous diminué par votre apparence, votre intelligence ou votre âge ? Focalisez-vous sur ces imperfections comme sur le trou dans la jarre ? Maintenant, découvrez comment ce défaut apporte du bon dans votre existence et dans celle des autres. À l'instar du porteur d'eau, quelles fleurs en récoltez-vous ?

Les gens qui vous aiment peuvent vous aider à voir le positif sous vos défauts. Votre perception de vous-même est partielle. Habituellement, vous ignorez comment les autres vous perçoivent. Voici une idée amusante si vous avez quelques minutes. Décrivez-vous comme le font les gens qui cherchent l'âme sœur et qui placent une annonce sur Internet. Ensuite, faites corriger votre « fiche » par quelqu'un qui vous connaît bien. Cette tâche peut révéler des aspects que vous méconnaissez, mais aussi vous permettre de faire d'agréables découvertes !

VOTRE CARTE DU MONDE

Inconsciemment, nous optons pour une version *virtuelle* du monde. Vous et moi avons notre « carte du monde », selon l'expression de Steve de Shazer. Si la perception d'un autre ne colle pas à notre carte du monde, nous lutterons pour préserver notre version, et celle de l'autre sera niée ou dédaignée. Parfois, nous grimperons dans les rideaux avant même que l'autre puisse aller au bout de son opinion. Mais l'autre a sa part de vérité.

Des conjoints se querellent au nom de la vérité absolue que chacun croit posséder. S'ils étaient capables de « voir avec les yeux de l'autre », de se mettre vraiment à sa place, la plupart du temps, les malentendus seraient évités.

Manon, la ménagère

Manon est une parfaite femme de maison. Elle possède la maîtrise de l'ordre, du ménage et des tâches ménagères comme d'autres possèdent un talent pour les arts. Ses mains agitent le plumeau avec élégance et rapidité. On dirait un peintre devant sa toile ! Elle fait des gâteaux et des tartes qui font l'envie des mères du voisinage. Le rangement et la propreté n'ont plus de secrets pour elle. Elle est minutieuse et remarque les moindres objets qui ne sont pas à leur place, qui sont souillés, qui traînent, qui ont besoin d'être rapiécés. Ses yeux sont des radars qui repèrent des taches et des défauts imperceptibles. Elle ramasse les tas de poussière au bas de l'escalier, nettoie tout restant d'aliment qui colle sur le comptoir de la cuisine, essuie les taches de doigts laissées sur les interrupteurs, replace le cadre de travers, et tout et tout.

Dès six ans, Manon a commencé à jouer à la mère lorsque la sienne s'est enfermée dans la nostalgie d'une rupture. À cet âge, elle a édifié son image d'elle-même à partir des attentes des autres. De la fillette adorable, elle est devenue l'élève modèle, puis la charmante conjointe et la mère au foyer. Elle a construit sa conception du « devoir bien accompli » qui passe loin devant le plaisir. Ce n'est qu'après que les tâches sont bien faites qu'elle peut s'autoriser un petit repos.

Son conjoint Daniel se sert une bonne bière froide lorsqu'il rentre à la maison. Il s'installe sur le canapé, retire ses chaussures, dépose ses pieds sur le tabouret et se relaxe. Il demande à Manon des nouvelles de sa journée, mais elle prend à peine le temps de lui répondre qu'elle court à la cuisine pour terminer le repas. Le soir, Daniel joue avec ses garçons et leur lit des bandes dessinées. Plus tard, il s'amuse comme un gamin à des jeux d'ordinateur.

Seriez-vous surpris d'entendre Manon reprocher à Daniel qu'il est immature et égocentrique ? Qu'il ne l'aide pas suffisamment dans les tâches domestiques ? S'il se montrait plus vaillant, son problème à *elle* serait résolu. Pourtant, Manon se trompe ! Du moins, elle ne détient qu'une part de la vérité.

Il arrive que nos problèmes reposent sur les épaules d'autres qui n'en font pas assez, qui ne manifestent pas assez de bonne volonté ou de compréhension. Il est très difficile de remettre en question cette vision des choses qui n'apporte pourtant aucune solution, car lorsque nous attribuons aux autres la responsabilité de nos problèmes, cela nous enlève le pouvoir de les résoudre.

Quand nous rendons les autres responsables de nos malheurs, cela nous empêche de remarquer qu'ils ont aussi des réponses à nous offrir. Comme il est pénible pour Manon d'admettre que Daniel a une partie de la solution à son problème ! Pourtant, il peut lui enseigner un savoir-faire qu'elle ne maîtrise pas du tout… *se détendre*. Manon peut imiter certaines de ses aptitudes à s'accorder du plaisir. Elle peut baisser ses exigences sur le plan de l'entretien de la maison au profit du bonheur de se divertir en famille. Elle doit concevoir son problème à la *manière* de Daniel pour sortir de l'impasse qu'elle se crée elle-même.

Comment les autres voient-ils le monde?

Une façon de trouver une solution à un problème est de penser à la manière que d'autres personnes voient les choses.

ON VIT DES DIFFÉRENDS PARCE QUE L'ON EST DIFFÉRENT

Connaître notre propre carte du monde et saisir son influence sur nos attitudes est déjà un défi. Se mettre dans les souliers des autres et considérer la vie de leur point de vue peut être franchement difficile. Demandez à Manon si elle a envie de chausser les souliers de Daniel ! Cela peut lui paraître surhumain surtout que, selon elle, il agit tellement comme un enfant !

Notre perception est ancrée dans notre tempérament. Elle fait de nous des êtres uniques. Lorsque nous ne nous entendons pas avec nos collègues, nos frères et sœurs, nos amis, notre conjoint, c'est qu'il est fondamentalement impossible de percevoir les choses exactement comme les autres.

« L'enfer, c'est les autres », disait le philosophe et écrivain français Jean-Paul Sartre. C'est l'enfer parce qu'ils sont différents de nous. Cette différence est à la source de notre intolérance à l'égard de la témérité de nos plus jeunes, de la mine indifférente de nos ados, de l'anxiété croissante de nos parents, des enfantillages de notre conjoint, des attitudes irritantes de nos collègues. La différence de perception est la raison des mésententes que vivent les couples sur les questions d'éducation, d'argent ou de sexe. Pour la majorité d'entre eux, des incompréhensions mutuelles existent sans vraiment nuire à l'harmonie conjugale. Mais de plus graves malentendus peuvent se transformer en fossé infranchissable.

La plus grande source de malentendu entre les gens repose sur leurs visions différentes du monde.

Éva et Boris, chacun sur sa planète

Éva et Boris font chambre à part depuis des mois. Éva interdit à son conjoint de pénétrer dans *sa* chambre. Il n'a plus le droit de la toucher, de l'embrasser, de lui dire : « Je t'aime. » S'il l'effleure, elle se braque et crie : « Bats les pattes ! »

Boris admet ne plus comprendre Éva. Il fait tout pour lui montrer son amour. Il est toujours « prêt » pour les caresses, les baisers, les étreintes. Il lui dit des mots doux, des compliments : « Comme tu es sexy ! Comme cette robe met en valeur tes belles formes ! »

Éva se dit littéralement « engloutie » sous l'amour et le sexe de Boris. Elle n'a qu'un désir : s'éloigner de lui et le tenir à distance. Retrouver son espace vital. En fait, elle demande des gestes amoureux d'une tout autre nature. Elle veut se sentir respectée, libre, entière et, alors, elle pourra se donner à Boris.

Pour envisager la réalité avec le regard de sa conjointe, Boris doit faire un grand écart. Il doit voyager sur la planète d'Éva et voir le monde de son point de vue. Il constatera que, dans la tête de sa compagne, l'amour et le sexe ne sont pas synonymes, alors que pour lui, le sexe est une porte d'entrée à l'affection, une permission à la tendresse.

Éva et Boris se sentent sur une planète étrangère. Ils se comparent aux couples « normaux » et sont persuadés que ces derniers ne vivent pas des problèmes de ce genre. Mais ils se fourvoient. Tous les couples se heurtent à certaines difficultés et vivent des moments de déséquilibre plus ou moins déterminants. Nous partageons l'expérience universelle d'être humains ; au-delà des différences personnelles et de celles qui caractérisent les genres, les générations ou les cultures, la plus grande part de notre existence est semblable à celle des autres. Nous vivons les mêmes étapes de l'enfance au vieil âge. Nous devons affronter les mêmes combats existentiels sur la vie et la mort, sur le bien et le mal. Pourtant, l'une des difficultés qui s'ajoutent au reste est que chacun se sent généralement à part des autres.

On est plusieurs à penser que l'on est seul au monde.

Et quand on se perçoit différent des autres, l'angoisse grandit à force de craindre leur jugement. Vous arrive-t-il d'être anxieux devant le verdict d'une autre personne, que ce soit lors d'une entrevue d'embauche, d'un test médical ou d'une *blind date* ? Que se passe-t-il ? Votre cœur bat à tout rompre, vos mains sont moites, vous avez chaud et vous souhaiteriez vous trouver à mille lieues de là. Vous vous sentez totalement désemparé. Connaissez-vous quelqu'un qui n'éprouve aucune fébrilité dans de telles circonstances ? Je n'en connais pas personnellement. Être stressé est la carte d'admission donnant accès au Club sélect des personnes normales qui perdent leurs moyens lorsqu'elles se sentent jugées. Bienvenue dans le Club !

Savoir que l'on est « normal » dédramatise nos tracas. Quand vous imaginez que d'autres partagent les mêmes tourments, vous réduisez le poids lourd qui pèse sur vos épaules. Cette image puissante transformera votre vision de la réalité que vous vivez en une épreuve plus supportable.

L'IMAGE QUE VOUS VOUS FAITES DES AUTRES

Imaginez que les gens que vous admirez parmi les plus sages ainsi que de grands artistes éprouvent les mêmes besoins courants que vous et des peurs similaires aux vôtres. Ils sont dans le Club, eux aussi ! Ils traversent les moments d'émerveillement et d'insécurité de l'enfance. À l'adolescence, ils ont des boutons et ils doutent d'eux-mêmes. Ils apprennent à devenir des adultes sans guides d'instructions. Ils cohabitent ou vivent en couple. Ils accompagnent leurs enfants jusqu'à ce qu'ils soient autonomes. Ils finissent par vieillir et ils meurent, eux aussi. Ils confrontent les mêmes défis, peu importe leur statut, car les aléas de l'existence n'épargnent pas les plus fortunés.

Se percevoir aux côtés de Céline Dion, de Gandhi ou de Barack Obama, épaule contre épaule, à affronter les tracas quotidiens est une image inspirante ! Souvent, au contraire, on se représente leur fortune, leurs talents, leur jeunesse à des années-lumière de notre réalité. Ce faisant, on se sent encore moins fier d'être « simplement qui on est ».

Mais là où les images font le plus de tort, c'est lorsqu'elles servent à cataloguer une personne sur la base de préjugés. Ensuite, cette représentation détermine la façon dont on se comporte avec elle et contamine nos relations. Puis, il est malaisé de voir la « personne » qui se trouve derrière l'image.

Une fois qu'une personne est cataloguée, il est difficile de la voir autrement. Voilà ce qui se produit à la télé lorsque des séries durent plusieurs saisons. On s'attache à certains rôles et on finit par leur prêter une vie réelle. On a du mal à s'imaginer que ceux qui les jouent ont une autre personnalité. Au Québec, cela a pris un moment pour concevoir la comédienne Chantal Fontaine (qui jouait dans le feuilleton télévisé *Virginie*) en autre chose qu'une enseignante de l'école secondaire. Pouvez-vous visualiser l'acteur Hugh Laurie (qui joue dans la télésérie *Dr House*) autrement qu'en un médecin hautain, odieux, obstiné et asocial ?

Pourtant, c'est possible dans la mesure où l'on apprend à distinguer les gens, tels qu'ils sont, des images qu'on leur projette. Pour illustrer cette idée, l'auteur Yongey Mingyou Rinpotché raconte l'histoire éloquente d'une jeune fille en Chine qui s'était installée chez ses beaux-parents immédiatement après s'être mariée. La belle-fille n'aimait pas sa belle-mère, car cette dernière avait la mauvaise habitude de ne pas se mêler de ses affaires : elle passait son temps à se mêler de celles des autres ! De son côté, la belle-mère voyait sa belle-fille comme une bru arrogante et sans respect pour les aînés.

Ulcérée, la belle-fille décida de tuer sa belle-mère. Elle alla voir un sorcier et lui demanda de lui vendre un poison. L'homme lui vendit donc une décoction savamment préparée, mais il lui conseilla de traiter sa belle-mère avec gentillesse pour que personne ne se doute qu'elle était la meurtrière. « Servez ce poison à petites doses, à chaque repas et avec le sourire, l'avisa-t-il. Dites que vous espérez qu'elle apprécie votre plat et demandez-lui si elle désire quelque chose d'autre. Soyez humble et aimable pour qu'elle ne vous suspecte pas. »

La jeune fille suivit les conseils du sorcier. Au bout d'un certain temps, la belle-mère changea d'opinion sur sa belle-fille et se dit qu'elle l'avait peut-être mal jugée. Elle commença à lui faire des compliments et à être plus agréable. À mesure que la belle-mère changeait de comportement, la jeune fille constatait qu'elle n'était pas si mauvaise. Les deux femmes commencèrent à être amies, si bien que la jeune fille cessa de donner le poison. Mais elle se tourmentait, croyant que la substance toxique allait faire son effet à un moment donné et que sa gentille belle-mère mourrait. Elle retourna voir le sorcier et lui commanda un antidote au poison.

L'homme écouta la jeune fille calmement et répondit qu'il n'existait aucun antidote. Elle fondit en larmes en jurant de se suicider. Le sorcier resta silencieux, puis il se mit à rire. « Ce ne sera pas nécessaire, affirma-t-il, la décoction quc je vous ai donnée était faite de plantes inoffensives ! »

L'auteur précise qu'il aime bien cette histoire, car elle illustre que nos perceptions peuvent changer. Les deux femmes se détestaient, mais une fois qu'elles commencèrent à se traiter gentiment, tout changea. En fait, les personnes elles-mêmes ne changent pas fondamentalement. Par contre, l'image qu'on a d'elles a du pouvoir sur nos relations. Elle influence la manière dont on se comporte et, en retour, nos comportements influencent la manière dont les personnes réagissent. Quand on aime quelqu'un, il nous le rend bien en agissant avec amabilité. Si on le déteste, il devient détestable.

On se fait à l'idée que les gens sont tels que nous les percevons. Comparez vos perceptions. Sont-elles exactement comme celles des autres ? En fait, les gens sont des personnes à part entière qui méritent d'être considérées comme telles.

Dans ce chapitre, il a été question de notre image des choses. Elle est souvent confondue avec la réalité ; parfois, elle devient plus réelle que la réalité elle-même. Pourtant, on ne connaît les choses que partiellement.

Certaines fois, nos problèmes viennent de notre perception des choses : on les voit en blanc ou noir, sans nuances. Puis, on cherche une solution en faisant une chose, mais surtout pas l'autre. La solution ne se trouve certainement pas dans les absolus, mais en élargissant notre vision et en semant un doute dans notre esprit. La clé est de sortir du cadre et de regarder autrement la réalité, comme l'illustre l'énigme aux neuf points. De plus, comme notre perception ne peut être semblable en tous points à celle d'un autre, vous pouvez vous inspirer du point de vue des autres pour apprendre de nouvelles façons d'aborder les situations.

Mais le plus difficile est d'abandonner nos repères habituels pour agir autrement. Ce renoncement est illustré par une métaphore évoquée par Paul Watzlawick. Le psychologue racontait que les singes se font facilement prendre dans un piège qui contient un fruit dont l'animal est particulièrement friand. Le piège a un goulot juste assez large pour que le singe puisse y passer la main, mais il ne peut la retirer avec le fruit. Pour libérer sa main, il lui faut lâcher le fruit, mais sa convoitise l'en empêche. Le singe se fait lui-même prisonnier s'il ne peut renoncer à lâcher le fruit.

Cette analogie enseigne que vous avez avantage à vous départir de certains aspects de votre vie qui font obstacle à votre existence. Dans le cas contraire, lorsque vous vous y agrippez très fort, vous freinez votre évolution. Le prochain truc vous propose de renoncer à vos personnages obsolètes et à vos histoires anciennes, de les laisser aller définitivement afin de vous inventer un nouveau récit de vie.

À vous de jouer

Soyez ultra-aimable !

L'histoire de la belle-fille qui change d'attitude envers sa belle-mère vous a-t-elle plu ? Que diriez-vous de faire une expérience semblable ? Transformez vos manières habituelles de réagir face à une personne et observez les effets ! Choisissez quelqu'un qui vous tape sur les nerfs. Préparez-vous à être ultra-aimable envers cette personne. Pensez à ce que vous pouvez faire pour l'amadouer. Comportez-vous avec gentillesse, soyez d'une politesse irréprochable, exprimez votre gratitude, tendez l'oreille, offrez-lui un présent inattendu… Puis, attendez de voir sa réaction, mais n'espérez pas d'effets immédiats. Soyez patient et observez les résultats.

Dans le cas où une réponse positive est rendue, si minime soit-elle, continuez à être aimable. Constatez votre pouvoir de transformer cette situation. Si la réponse est négative, persévérez subtilement jusqu'à ce que vous finissiez par obtenir un sourire. Si vous désespérez, jetez votre dévolu sur quelqu'un d'autre qui saura mieux en profiter !

TRUC 10
Réinventez votre histoire

Notre histoire repose essentiellement sur nos souvenirs. Chacun en construit une image à partir de ce qu'il se souvient. Certains se rappellent les fêtes joyeuses, les succès à l'école et le premier grand amour. D'autres se remémorent le jour où leurs parents se sont séparés ou la méchante enseignante qui les a traités d'imbéciles devant tous les élèves, qui ont ri aux éclats. Notre histoire est aussi constituée d'anecdotes racontées à notre sujet. Nos proches nous ont décrit comme le chouchou incontesté de la famille ou, au contraire, comme un enfant invivable ou encore comme un gamin qui passait inaperçu.

Peu importe notre vécu, aujourd'hui, chacun de nous peut faire un choix. Il peut croire que son histoire se poursuivra éternellement et ne s'attendre à rien de mieux que la reproduction de ce qu'il a connu. Ou il peut décider de réinventer sa vie.

Le dernier point sur lequel je veux insister dans ce livre est que vous pouvez reconstituer le récit de votre vie. On « réinvente bien l'amour », alors pourquoi ne pas raviver l'espoir qui s'était éteint sous le poids des histoires anciennes ? S'inventer des histoires n'a rien de psychotique. Vous n'êtes pas fou puisque tout le monde le fait. Mais vous pouvez le faire consciemment. Oui, vous pouvez décider de jouer un autre rôle et construire un récit au dénouement des plus heureux.

ON S'INVENTE DES HISTOIRES

Chacun se fabrique des personnages. Dans la vie de tous les jours, certains prennent la peau d'un personnage plus audacieux pour cacher leurs peurs ; d'autres se montrent plus malins pour camoufler un sentiment profond d'incompétence ; d'autres encore deviennent excessivement aimables quand ils se sentent laissés-pour-compte ou s'affairent à des tâches de la plus haute importance, alors qu'au fond d'eux, ils se perçoivent comme étant insignifiants.

À la limite extrême, des gens s'inventent une fausse représentation de la réalité pour se préserver de l'absurdité de leur existence. Cette triste idée me fait penser au film de Roberto Benigni *La vie est belle*. Un juif italien et son fils sont prisonniers dans un camp de concentration. Le père raconte à son fils qu'ils ont été choisis pour participer à un grand jeu. Les épreuves consistent à se camoufler sous les lits et les couvertures, à ne dire aucun mot aux soldats qui portent une croix gammée sur leur chemise, à ne jamais se laver, à se nourrir d'un bout de pain par jour. Le jeu met à l'épreuve leur endurance, leur patience et leur courage. Au bout du compte, le but est d'accumuler le plus de points. Mais le jeu s'éternise ! Le père meurt et son fils comprend que ce jeu n'était qu'un subterfuge pour l'empêcher de voir l'horrible réalité de la guerre et de succomber au désespoir.

Lorsque le pire survient, l'une des façons de survivre est de s'inventer un jeu dans lequel on peut sortir gagnant. Ce chef-d'œuvre cinématographique permet de comprendre que, dans une moindre mesure, chacun se fabrique des illusions sur soi-même pour préserver l'apparence que la partie n'est pas perdue d'avance. Le batailleur Thomas se raconte une histoire pour tolérer les coups que ses parents lui affligent. Il s'invente un motif : il le mérite ! Selon lui, la société est remplie de misérables parents qui donnent des leçons à leurs vilains enfants !

Vous et moi nous inventons parfois des histoires ou des personnages qui nous aident à faire face à l'adversité. Quels sont les rôles que nous créons et qui nous aident à traverser les moments pénibles de notre vie ? Sont-ils encore utiles ? Pouvons-nous nous en détacher et en concevoir de nouveaux plus inspirants ?

LES MOTS FORGENT L'EXPÉRIENCE

J'avais acheté de petites statuettes amérindiennes pour les offrir en cadeau à nos hôtes lors d'un prochain voyage à l'étranger. « Vous n'avez pas de petites boîtes dans lesquelles mettre les statuettes ? » demandai-je au commis. « Puisque vous le dites, non, je n'en ai pas », me répond-il. Je comprends alors sa boutade et je me reprends : « Vous avez sûrement de petites boîtes pour mettre les statuettes ! » « Justement, s'exclame-t-il, j'en ai ! »

Chaque jour, nous utilisons des mots qui véhiculent des messages. Écoutez-vous attentivement ! Nos paroles ne font pas que livrer des messages, ils parlent de notre représentation de la réalité, de nous-mêmes et de notre histoire. Tout cela s'entend à travers les mots qui sortent de notre bouche !

> *Les mots que vous utilisez parlent de* vous*, ils parlent pour* vous*.*

D'autre part, le langage forge inconsciemment notre expérience du monde, car il influence la façon dont nous percevons les choses. C'est un cercle sans fin. En retour, nous nous servons du langage pour transformer notre existence. Dans la discussion qui suit, les termes utilisés par les conjoints qui se querellent donnent d'abord l'impression qu'aucune amélioration n'est envisageable.

FLORENCE ET CLÉMENT SE PARLENT AVEC DES MOTS EXCESSIFS

Florence est dans un tel état ! Elle vient d'apprendre que son conjoint a accepté un contrat de travail à l'étranger. Le ton de leur discussion monte. Florence se plaint que Clément ne l'aime plus et que c'est la raison qui l'amène à quitter le pays. Il réplique que c'est faux, qu'il l'aime encore, mais que sa vie professionnelle actuelle n'est pas satisfaisante et qu'il n'a jamais eu une offre d'emploi aussi lucrative. « C'est toujours la même rengaine, répond-elle intérieurement, il y a toujours quelque chose de plus intéressant, de plus payant, de plus exotique. »

« Si tu tenais compte de moi, déclare-t-elle, tu choisirais de rester ici plutôt que de quitter le pays. » « Mais, affirme-t-il, tu n'es jamais ouverte à de nouvelles expériences, tu es toujours fermée à mes idées ! Si je t'écoutais, je ne ferais jamais rien d'excitant. Ma vie serait aussi banale que la tienne... »

Au bout de quelques heures, Florence et Clément retrouvent leur calme et modèrent leurs propos. Il *semble* à Florence que Clément ne l'aime plus, mais ce n'est pas le cas. Elle admet qu'il lui manifeste plusieurs fois par jour des marques d'attention et des gestes tendres. De plus, même s'il arrive *souvent* à Clément d'être intéressé par de nouveaux projets, il ne les accepte que *rarement*. D'ailleurs, lui rappelle-t-il, il a refusé les trois derniers contrats à l'étranger offerts par sa firme. Pour sa part, Florence est à l'occasion fermée à ses idées, mais *pas* toujours. Elle fait habituellement confiance à son jugement. Son propre travail ne l'autorise pas à quitter le pays pendant de longs mois, mais elle adore faire de petites escapades à l'étranger pour rejoindre Clément quelques semaines par année.

Lorsque Florence et Clément utilisent des paroles *excessives*, ils finissent par avoir des difficultés *excessives*. Dans certaines circonstances, ils perdent leur contenance et ils s'expriment de façon catégorique. Pourtant, lorsqu'ils cessent d'être agités, ils sont capables de tenir un discours plus modéré.

Les termes « toujours » et « jamais » maintiennent les gens dans l'impossible changement, tandis que des propos nuancés suggèrent que le problème est une question de perception et qu'il n'est pas constamment présent. Surtout, il est concevable de trouver un terrain d'entente, si chacun y met du sien. Comme Florence et Clément, apprenez à vous servir des mots pour créer des possibilités de rapprochement plutôt que des culs-de-sac.

Jouez avec les mots à votre avantage !

Un autre petit mot, « si », fait une différence énorme dans nos messages. « *Si* je ne me sentais pas si seul et désemparé, je ferais un tas de choses excitantes », « *Si* je n'avais pas aussi peur d'être jugé, je m'affirmerais davantage ». Utiliser des « si » est une façon bien démoralisante de s'exprimer à la longue ! Ce minuscule mot formé de deux lettres a plus de poids qu'un dictionnaire complet lorsqu'il s'agit de se prendre en main et d'améliorer son sort ou, au contraire, de piétiner sur place et de ne pas avancer.

Le dicton l'affirme : « Avec des "si" on se rendrait à Paris sur le dos d'une souris. » Au Québec, on préfère l'expression : « Avec des "si", on va à Paris, avec des "ça", on reste là. » Ces formules veulent dire que, lorsqu'on parle au *conditionnel*, tout devient possible dans notre esprit, mais rien ne se concrétise.

Parmi les temps de verbe, le *futur simple* est une forme plus active d'anticipation. Les phrases « je ferai un tas de choses excitantes » ou « je m'affirmerai » ajoutent une certitude à nos propos en laissant sous-entendre que ce sera inévitable.

Exercez-vous à transformer un souhait en certitude simplement en remplaçant le mot « si » par « quand » et l'imparfait par le futur simple. Plutôt que de dire : « Si *j'étais* mieux nanti, plus instruit, moins troublé… », dites : « *Quand* je serai mieux nanti, plus instruit, moins troublé… » Changez vos paroles et votre cerveau enregistrera inconsciemment vos aspirations ; il se mettra au travail en vue de les réaliser.

N'ADHÉREZ PAS AUX ÉTIQUETTES QUE L'ON VOUS COLLE

Il était une fois une course de tortues dont l'objectif était d'arriver au sommet d'une haute colline. Beaucoup d'animaux s'étaient rassemblés pour observer l'épreuve, mais aucun d'entre eux ne croyait possible que les tortues puissent atteindre la cime. Tout ce que l'on entendait dans la foule, c'était :

- « Inutile ! »
- « Elles n'y arriveront jamais ! »

En entendant ces paroles, les tortues commencèrent à se décourager. Les autres continuaient de plus belle :

- « Vraiment pas la peine ! »
- « Complètement stupide ! »
- « Stoppez cette épreuve ridicule ! »

Peu à peu, chacune baissa les bras et s'avoua vaincue. À la fin de l'ascension, toutes avaient abandonné, sauf une tortue qui continuait sans se décourager. Cette tortue atteignit le sommet, seule. Les animaux stupéfaits voulurent savoir comment elle avait réussi à terminer la course. L'un d'entre eux s'approcha pour le lui demander et il découvrit alors qu'elle... était sourde !

Les paroles que l'on entend – « Inutile ! Vraiment pas la peine ! » – et celles que l'on se répète intérieurement influencent notre façon de percevoir nos difficultés. Elles peuvent nous enlever l'envie de continuer. Voilà ce qui survient lorsque les gens sont traités de « dépendants », d'« anxieux », de « dépressifs ».

Les diagnostics pathologiques facilitent la communication entre spécialistes ; ils aident à mieux comprendre et à traiter les êtres humains. Le risque est toutefois de réprimer les forces intérieures qui subsistent et qui permettent d'évoluer. Pire, on en vient à oublier l'être humain derrière le diagnostic. La célèbre psychothérapeute américaine Virginia Satir (1916-1988) affirmait que de tels labels psychiatriques peuvent être dommageables parce qu'ils tendent à fixer le problème comme si c'était une chose immuable à l'intérieur de la personne. Bien qu'utiles, ils donnent l'étrange impression que la personne n'est plus qu'une étiquette collée à sa peau et qui devient lourde à porter.

Ne vous laissez pas déshumaniser par des étiquettes.

Si une personne se considère comme étant « dépendante », « anxieuse » ou « dépressive », il lui sera difficile de ne pas se comporter comme un individu dépendant, anxieux ou dépressif ! Elle peut finir par prendre son étiquette pour une réalité tangible. Elle peut avoir du mal à concevoir qu'elle est une personne avec des forces et des talents au-delà de ses symptômes. Tout diagnostic doit être utilisé avec discernement.

La déprime d'Angéline

Angéline a subi une opération récemment. Elle a des douleurs postopératoires et ses déplacements sont limités, ce qui fait qu'elle ne peut plus participer à ses activités habituelles. Elle se sent seule à la maison et désemparée, alors elle pleure.

Son amie me téléphone, car elle est inquiète. « Elle fait une dépression », déclare-t-elle. Je vérifie auprès d'Angéline. Elle se dit surprise de la réaction de son amie. Elle m'explique qu'elle a bien pleuré, mais qu'elle s'est remise de ses émotions. Elle s'ennuie, mais elle dort bien, elle mange convenablement, elle n'a aucune idée noire. Angéline est « déprimée », mais pas dépressive !

> *Vous êtes beaucoup plus qu'une étiquette… vous êtes vous !*

Les étiquettes, il faut parfois les mettre entre guillemets ; dans certains cas, ce que l'on prétend être la dépression peut n'être en fait qu'une période transitoire dans laquelle on perd temporairement sa bonne humeur. Quand une personne a l'impression d'avoir défini son identité à partir de ses symptômes et de s'être attachée à son diagnostic, il est grandement temps de considérer qu'elle est pourtant une personne à part entière.

VOUS AVEZ DES PROBLÈMES, MAIS VOUS *N'ÊTES* PAS VOS PROBLÈMES

Les gens sont beaucoup plus que leurs étiquettes, qui ne révèlent qu'une portion de leur expérience. Surtout, ces étiquettes ne sont pas des constituantes immuables de leur identité. En ce sens, il importe de s'entendre sur une distinction capitale entre *avoir* un problème plutôt qu'*être* un problème.

Imaginez qu'un matin, vous vous réveillez avec un affreux bouton sur le menton. Est-ce que vous déclarez alors : « Je *suis* un vilain bouton sur le menton » ? Vous *n'êtes* pas un gros bouton. Vous *avez* un bouton sur le menton. Et, à moins de vous en plaindre ouvertement, la plupart des gens le remarqueront à peine. Certains d'entre nous s'imaginent que ce bouton fait l'objet de railleries et de commérages. À la *une* du journal local, on raconte l'horrible apparition de la pustule d'acné grasse et velue ! Habituellement, les gens ont des préoccupations beaucoup plus captivantes que nos imperfections cutanées !

Ce qui est bon pour vos boutons vaut aussi pour vos problèmes. Bien sûr, vous avez des problèmes, mais, à moins d'en faire l'étalage, vous en êtes beaucoup plus conscient que les gens autour de vous. Eux les remarquent parfois à peine. Plus encore, sauf exception, vos problèmes ne sont généralement pas le signe qu'il y a quelque chose de dysfonctionnel à *l'intérieur* de vous, dans le sens littéral du terme.

Bien que certains troubles proviennent de dérèglements organiques, le plus souvent on confond à tort le problème avec celui qui a le problème. Soyez attentif à votre langage en évitant de prendre vos problèmes pour vous-même, car si ceux que vous avez peuvent disparaître ou être réduits... il en est autrement pour ce que vous *êtes* !

KIM, LE PEUREUX

Kim est un garçon de huit ans. Comme Obélix, qui affirmait être tombé dans la potion magique à sa naissance, lui est tombé dans l'effroi dès ses premiers jours. Il a vraisemblablement été marqué par la violence et la négligence de ses parents biologiques. Son cerveau a stocké des images d'adultes qui se gèlent à la cocaïne, qui se battent et qui crient, mais qui font la sourde oreille à sa faim et l'oublient dans son petit lit.

Aujourd'hui, la peur le hante toujours et le conduit à des pertes de contrôle inquiétantes. Il lui arrive de se retrouver en dehors de sa zone de confort pour une simple question de devoir raté, d'échec sportif ou de querelle entre amis. Alors, dans les yeux de Kim, il n'y a que la terreur. Il ne répond plus de rien, pendant que cette bête terrifiante fulmine. Il n'est plus qu'un pantin qui se meut sous son emprise. Durant la nuit, l'effroi se transforme en monstre qui apparaît sous une forme humaine dont il ne voit jamais le visage, qui se glisse jusqu'à lui et se transforme en sordide meurtrière. Il croit fermement que cette forme noire est réelle et qu'elle veut le tuer.

Kim affirme qu'il *est* peureux sans aucune réserve, ce qui est plutôt étonnant pour un garçon de son âge. Malheureusement, pour lui, la peur devient une seconde nature. Comment l'aider à vaincre cette bête imaginaire qui envahit son corps et son cerveau ?

Kim *n'est* pas peureux. Il peut apprendre à se dissocier de sa peur. Comment ? En imaginant la peur comme une visiteuse qui arrive à l'improviste, mais qui n'est pas la bienvenue, et en décidant de la mettre à la porte pour de bon. Kim regardera sa peur en face et lui dira qu'elle peut retourner d'où elle vient. À une époque, il a eu raison de craindre le pire, car ses parents biologiques n'ont pas su le mettre à l'abri. Dorénavant, ses parents adoptifs veillent sur lui et ne l'abandonneront jamais.

Même à l'âge adulte, nous avons tous des peurs, à des degrés différents. Ces « visiteuses impromptues » se sont bel et bien installées en nous et croient pouvoir faire à leur tête, diriger nos faits et gestes. Mais elles se trompent. Vous pouvez décider de prendre les commandes. Les chasser, si vous considérez qu'elles ne sont plus utiles. Comme Kim, vous pouvez prendre une distance par rapport à vos problèmes en considérant qu'ils *ne* sont *pas* des parties fondamentales de votre identité, mais qu'ils sont seulement de passage et repartiront tôt ou tard. Voici comment vous y prendre.

DITES ADIEU AU PERSONNAGE QUI SABOTE VOTRE VIE

Un jour, un homme demanda à un sage comment guérir son tempérament emporté. « Montre-moi cela », lui répondit le sage. « Je ne peux pas, dit l'homme, je ne suis pas en colère pour le moment. » « Reviens lorsque tu seras en colère. » « C'est impossible, répliqua l'homme, ma colère est imprévisible. Elle éclate subitement et elle aura certainement disparu quand je vous aurai rejoint. » « Alors, conclut le sage, la colère ne fait pas partie de ta nature, sinon tu pourrais la montrer à volonté. La prochaine fois que tu remarqueras cette vilaine colère en toi, chasse-la avec un bâton jusqu'à ce qu'elle parte ! »

On a longtemps pensé qu'un problème psychologique qui s'exprime à travers des attitudes comme la colère, la peur ou tout autre trait personnel se situait à l'intérieur d'une personne, comme une sorte de handicap intrapsychique. Par exemple, un problème peut être si prégnant qu'une personne a l'impression d'être *devenue* colérique ou peureuse. Pour expliquer ce phénomène, le thérapeute australien David White (1948-2008) et son collègue et ami de la Nouvelle-Zélande Mickael Epston ont utilisé l'expression « être saturé par le problème », qui signifie que la personne s'identifie à son problème et, de son propre point de vue, elle n'est *rien* d'autre.

Pour aider une personne à s'affranchir de son problème, White et Epston, les fondateurs de l'approche narrative, lui ont proposé de le visualiser comme une entité indépendante à *l'extérieur* d'elle. Si elle réussissait à bien saisir la « personnalité » de cette entité et à comprendre comment elle influençait ses attitudes, cette personne pourrait renverser le pouvoir que cette dernière a sur elle. Rappelez-vous, soutiennent-ils, que vous n'êtes pas votre problème; le problème *est* le problème.

Un problème peut avoir une certaine emprise sur vous, mais il n'est pas vous.

Quand vous étiez jeune, vous avez sans doute manipulé des marionnettes. Vous enfiliez alors un personnage miniature dans votre main et vous l'agitiez en faisant semblant d'être ventriloque. Je vous propose de vous inspirer de ce jeu d'enfance pour vous mettre dans la peau d'un trait personnel qui nuit à votre bien-être. Donnez-lui un nom qui représente l'aspect abominable de sa « personnalité ». « La terreur » peut être le nom donné à l'insécurité terrifiante qui envahit Kim et lui fait perdre le contrôle. La « vilaine colère » peut représenter le caractère emporté de cet homme qui consulte le sage. Le « vieux garçon » peut correspondre au personnage qui enchaîne Normand à ses vieilles habitudes. « Madame parfaite » serait l'entité qui empêche Manon de prendre plaisir à la vie.

Je suis certaine que vous pouvez identifier quelques-uns des personnages qui vous font rater de belles occasions d'être pleinement heureux. « Miss Caméléon » peut représenter votre réflexe de vous fondre dans le décor lorsque les autres partagent librement leurs opinions. « Ours mal léché » peut illustrer votre caractère bougon dans des périodes où les choses ne tournent pas rondement. « Bonne à rien » peut traduire le sentiment d'être totalement inadéquate dans certaines sphères de votre vie, tandis que « Joe sait tout » peut ridiculiser votre tendance à donner votre avis même quand vous n'en savez rien.

Maintenant que vous lui avez donné un nom, amusez-vous à décrire son tempérament déplaisant. Comment est ce malsain personnage ? Décrivez l'influence qu'il a sur votre existence. Quelles idées vous met-il dans la tête ? Quels sentiments suscite-t-il en vous ? Quel effet a-t-il sur votre santé ? Vos relations ? Comment réussit-il à troubler votre quotidien ? À quel moment est-il apparu dans votre vie ? Quel pourcentage de votre vie accapare-t-il ? Êtes-vous d'accord avec cette influence ? Sentez monter l'envie de vous en débarrasser...

Le fait de personnifier le problème qui vous accable vous aide à vous le représenter concrètement et à réaliser qu'il agit contre votre volonté. Ensuite, le travail n'est toutefois pas achevé : il faut le mettre définitivement à la porte ! Votre tâche se compare alors à une entreprise de démolition ; il s'agit de déconstruire ce fichu personnage qui n'a plus d'utilité dans votre existence.

Carl contre Minus

Carl est un gars sympathique et drôle. Jamais une conversation ne se passe sans qu'il lance un cortège de blagues qui font rire tout le monde. Il possède un QI au-dessus de la moyenne et ses qualités apparentes ne laissent pas du tout voir l'image qu'il a de lui-même. Après les paroles d'usage, il me relate le plus sérieusement du monde que, jadis, les jeunes de son quartier l'appelaient Minus. « Tant que l'on est de petite taille, on ne peut se prétendre un homme », ajoute-t-il avec une émotion à peine contenue. Soudain, je compatis avec cet adulte de 1,60 mètre (5 pieds 3 pouces) qui traîne un sentiment d'infériorité comme une ombre plus petite que lui-même.

La première fois qu'on l'a surnommé de la sorte, c'était vers l'âge de 10 ans. Alors que les autres garçons grandissaient, lui restait petit. Il ressentait une telle colère contre lui-même ! Il n'était pas comme les autres et il se détestait. Il a néanmoins fini par utiliser la dérision pour cacher sa honte. Sans s'en rendre compte, il a consenti à cet *alter ego* ; il lui permettait de prétendre qu'il se fichait de sa grandeur et devançait les sarcasmes et les insultes blessantes.

Carl m'explique que ce personnage revient l'obséder encore aujourd'hui chaque fois qu'il fait l'objet d'un jugement. Sa conjointe, exaspérée de l'entendre se déprécier, lui a conseillé de consulter un psychologue. Un seul reproche prononcé innocemment déclenche une escalade de blâmes intériorisés : une voix intérieure, de toute évidence celle de Minus, le condamne en lui faisant croire qu'il n'a pas l'étoffe d'un bon mari ni d'un bon père ou d'un employé compétent. Il est plutôt intransigeant, ce Minus ! N'exagère-t-il pas ?

L'entreprise de démolition de Carl consiste à découvrir le pouvoir de Minus et à le contrecarrer. Est-ce qu'il désire vraiment que ce personnage décide de son existence, de son humeur ou de ses pensées ? Non, non, non !

Congédiez un personnage qui gâche votre vie !

Ni Carl, ni personne, ne veut être le pion d'un jeu perdu d'avance. Chacun veut être le maître de sa destinée. Vous pouvez prendre une distance par rapport aux rôles qui ont pu être utiles autrefois, mais qui sont devenus stériles et pernicieux. Dites « adieu » aux personnages rendus caducs, comme le suggère une publicité québécoise sur la loterie. Des employés qui gagnent le gros magot déclarent candidement : « Bye bye boss ! » À votre tour de tourner les talons et de dire : « Bye bye problème ! »

Cette affirmation naîtra de la volonté de vous affranchir de vos peurs et des tendances qui les personnifient. À force de décortiquer les effets dommageables qu'elles ont sur votre existence, un grand désir d'émancipation émergera. Pour vous libérer de vos chaînes, vous ferez alliance avec vos forces qui restent intactes. Vous inventerez une histoire plus constructive.

CRÉEZ UNE HISTOIRE DE RECHANGE

Lorsqu'elle était enfant, Zara avait développé ce que l'on appelle une « dissociation » afin de résister aux sévices que son père et ses frères lui infligeaient. Elle avait appris à se retirer de son corps pour ne pas sentir la douleur psychologique et physique. Elle avait acquis l'aptitude troublante de voir la scène survenir comme si elle en était un témoin passif. Zara s'était construit un personnage impassible qui l'aidait à s'échapper mentalement. Cette habileté à se dissocier lui avait permis de survivre, dans un premier temps, mais elle avait entraîné ultérieurement un morcellement généralisé de sa personnalité. Lorsque Zara se trouvait dans une situation angoissante, ses vieux réflexes prenaient le dessus ; alors, elle avait l'impression d'être vide à l'intérieur d'elle-même et de ne rien ressentir. Ces réflexes l'empêchaient d'établir des relations profondes avec les autres.

Heureusement, rares sont les gens qui ont souffert de dissociation comme Zara. Toutefois, les événements qui ont marqué votre existence continuent de définir votre identité. Ils influencent certainement votre façon de réagir aux circonstances actuelles. Inconsciemment, nous adhérons tous à des conceptions acquises très tôt dans l'enfance. Parfois, celles-ci n'ont plus leur place, mais nous ignorons qu'il est possible d'élaborer de nouvelles manières de penser et de faire. Pas obligatoirement des conceptions qui soient « correctes » socialement, mais des façons d'être qui sont vraisemblables, appropriées à l'adulte que nous sommes devenus et qui font place à l'épanouissement plutôt qu'au fatalisme et à la résignation.

Une conception n'étant pas plus réelle qu'une autre, vous pouvez en inventer une en recherchant les *plus beaux moments* de votre parcours, ceux qui prennent pleinement en compte vos talents, vos combats, vos réussites et vos singularités. Ce faisant, vous modifierez la perception de votre réalité et de vous-même.

Inventez une histoire de rechange à partir des moments étincelants de votre vie.

L'histoire de Camille qui suit n'est certes pas le lot de tous. Par ailleurs, il arrive à chacun de passer à côté de soi-même. Dans une moindre mesure, on passe à côté de soi parce qu'on se raconte une histoire. Cette histoire ne tient compte que de certains événements au détriment d'autres plus positifs. Comme Camille, il est toutefois possible de déterrer des moments plus édifiants qui ont bel et bien été vécus.

CAMILLE, LA *BORDERLINE*

Camille était une ravissante jeune fille qui soignait excessivement son apparence. Elle possédait une intelligence bien particulière, mais une sensibilité anormale. À son arrivée dans mon bureau, elle m'annonça tout de go qu'elle était *borderline*. Sans prévenir, elle me confia qu'elle consultait un psychologue pour tranquilliser ses parents et son psychiatre, car elle avait tenté de se suicider à trois reprises. « J'étais *junkie*, mais je ne consomme plus que des produits et des drogues “tablettes” qui m'engourdissent un peu. »

Camille m'a raconté brutalement son récit, dans lequel elle se décrivait avec une lucidité désarmante : antisociale, intense, athée, dépendante, marginale, hyperactive. Certaines périodes de sa vie semblaient l'avoir marquée. Elle répétait sans cesse qu'à l'école, elle s'isolait loin des regards méprisants des autres, qui la considéraient comme une « étrange bête ». Les moqueries et les attitudes arrogantes des jeunes semblaient avoir condamné Camille à se percevoir comme une personne mise en quarantaine. Partout et en tout temps, elle était obsédée par le désir impérieux d'être acceptée par les gens et la ruse qu'il lui fallait déployer pour y parvenir.

À l'âge adulte, elle s'était résolument tournée vers le conformisme en adoptant de très « bonnes manières » et en acceptant un travail d'opératrice dans une compagnie de sollicitation téléphonique. Rien ne détonait plus franchement avec sa personnalité singulière. Elle y était malheureuse, et pour cause ! Sa vie personnelle n'était pas moins chaotique. Elle « cohabitait », selon ses termes, avec un bohème du milieu artistique, qu'elle tolérait plus qu'elle n'aimait. Parallèlement, elle passait ses journées à rêver à un mec qu'elle avait rencontré dans un centre de désintoxication, sans jamais entreprendre des démarches pour le revoir. Il était toxicomane et elle n'ignorait pas que cela constituait le risque le plus sûr de retomber dans l'univers des drogues illégales.

L'existence de Camille donnait l'impression d'une succession de tentatives vaines pour se faire une place dans la société. Elle voulait s'y intégrer, mais elle n'y réussissait guère. Inconsciemment, elle avait adopté un personnage *borderline*, *junkie*, tête de Turc. Elle s'était perdue dans la consommation de substances pour éviter, me disait-elle, de réveiller les monstres de son enfance.

En fait, Camille avait oublié une grande portion de son existence. Ce n'est qu'après de longs mois que se dessina une autre histoire. Au fil de nos échanges, elle révéla qu'elle avait été une enfant aimée de ses proches. Ils avaient contribué, bien que maladroitement, tant à son bonheur qu'à sa singularité. Je découvris chez elle une passion pour l'art et un génie de l'esthétisme qui s'exprimaient dans les portraits qu'elle peignait. Je goûtai à la fougue de ses convictions sociales et spirituelles. Je m'impressionnai de son savoir culturel, qui dépassait le mien de très loin.

Je lui suggérai d'exploiter son incroyable potentiel et de trouver un métier qui lui ressemble. Je l'implorai de ne pas se perdre dans les stupéfiants ni de chercher à tout prix à se conformer. Je l'encourageai à rejoindre un groupe qui partagerait ses convictions et lui proposai d'ouvrir les portes de son esprit.

L'histoire de Camille nous apprend une chose importante : peu importe le récit que nous avons construit de notre existence, il n'englobe pas toute la richesse de notre vécu. Lorsqu'une personne se façonne une histoire, elle ne sélectionne que les événements qui « collent » à l'idée qu'elle en a ou que les autres ont à propos d'elle-même. Une grande partie de ses expériences restent ainsi oubliées, comme si elles n'avaient jamais existé.

La voie de Camille est hors des sentiers battus, dans un domaine qui conviendra à son tempérament enflammé, à son intelligence dérangeante, à sa sensibilité déconcertante, à son talent artistique prodigieux et à son désir d'un monde meilleur. Elle peut croire qu'il est possible de réinventer un avenir à sa mesure. Et vous ? Croyez-vous que vous pouvez réinventer un avenir à la hauteur de vos désirs ? Chaque truc dans ce livre vous permet d'y accéder.

Ce chapitre a raconté comment les histoires sont constituées de mots qui en disent long sur la perception que l'on a de soi-même et de sa vie. Mais les mots peuvent être un levier pour transformer votre expérience subjective. Vous pouvez refuser les images qui vous ont défini jusqu'à maintenant. Vous pouvez prendre une distance par rapport à vos problèmes et vous considérer comme une personne à part entière.

Des gens s'inventent des histoires pour affronter une réalité trop souffrante. Ils se créent des personnages capables de les protéger contre l'adversité. Et vous ? Que racontez-vous ? Quel personnage mettez-vous en scène ? Si toutes les histoires sont des constructions, vous pouvez récrire la vôtre. Vous pouvez abandonner l'ancienne version de vous-même qui ne cadre plus avec vos aspirations. Mettez en jeu vos talents et vos passions. Commencez une toute nouvelle existence !

À vous de jouer

Inventez une nouvelle histoire

Avez-vous envie de réinventer votre vie ? Entreprenez l'écriture d'une biographie « positive » qui mentionne seulement les beaux moments de votre existence.

Racontez ce récit dont vous êtes le héros. Parlez des personnes qui vous ont aimé, de ce qu'elles disent à votre sujet et de ce qu'elles vous ont apporté. Retracez les circonstances qui vous ont marqué positivement, les expériences significatives qui vous ont appris des leçons importantes, comme celles qui vous ont permis de découvrir et d'affirmer vos talents. Mettez en valeur les bons coups dont vous avez raison d'être fier, vos qualités les plus appréciées par vos proches, les talents que vous êtes seul à connaître. Exprimez vos convictions profondes et relatez les rêves auxquels vous aspirez…

Racontez cette histoire à quiconque veut l'entendre, mais d'abord à vous-même. Partagez-la avec vos enfants, votre partenaire de vie, vos amis. Dès maintenant, décidez de jouer un nouveau scénario du futur à l'image de cette histoire qui vous ressemble. Adoptez un personnage qui vous tient à cœur et que vous désirez voir s'émanciper.

CONCLUSION

Votre déclaration d'indépendance contre la tendance à la négativité

Moi aussi, je me conte des histoires. Je fais comme si ma vie était éternelle et je me fabrique l'illusion positive que ma présence sur terre est indispensable. J'accorde trop d'importance à des choses futiles. J'oublie que mon existence file à toute allure et que, rapidement, elle arrivera à la fin de sa course.

D'ici là, je tiens à tout prix à être parfaite et j'en deviens détestable. Le chanteur québécois Paul Piché a bien raison de dire: « C'est toujours ceux qu'on aime qui sont pris pour endurer les malheurs qu'on enferme et les défauts qu'on ne peut plus cacher. » Mes proches, j'ai peur de les perdre. Par-dessus tout, je crains de faire des erreurs et d'être rejetée. Il m'arrive d'avoir du mal à lâcher prise quand des tourments envahissent mon cerveau. Je ressasse avec obsession les mêmes pensées dérisoires qui ne vont nulle part.

Au bout du compte, ce que je cherche à dire, c'est que je suis comme tout le monde. Je suis humaine à 100 pour cent!

D'ailleurs, ce livre ne prétend pas que vous ou moi puissions être à l'abri des problèmes ni nous affranchir définitivement de nos imperfections. Pourquoi vouloir les éviter alors qu'on peut en tirer des leçons? Confucius disait que la plus grande gloire n'est pas de ne jamais tomber, mais de se relever à chaque chute. Il faut donc apprendre à se relever !

Pour reprendre l'idée de Martin Seligman, le fondateur de la psychologie positive, je vous propose de proclamer votre déclaration d'indépendance face à la tendance à la négativité dont nous avons hérité en tant qu'humains. Joignez votre voix à la mienne ! Faites vôtre la déclaration qui suit. Imaginez maintenant que nous sommes des milliers à déclarer ceci :

Je veux me donner le droit de sourire et de rire aux éclats.

Je veux contracter le virus de la bonne humeur et contaminer les autres. Si le cœur n'y est pas toujours, alors, bon Dieu, que je me force ! Si je me regarde rarement dans le miroir, les autres, eux, endurent mon air durant toute la journée… Je veux faire un effort pour montrer que je suis de bonne humeur.

Je n'ai pas à me plaindre. Ma vie est trop courte pour que je la gaspille à recycler mes erreurs et celles d'autrui. Je veux pardonner à la vie le fait qu'elle n'est pas toujours à la hauteur de mes aspirations.

Je ne veux pas remporter le Prix citron de la plus médiocre existence. Je ne veux pas garder le charbon brûlant du ressentiment, selon l'expression formulée par Bouddha, qui brûlera ma main en voulant le projeter sur d'autres.

Je m'associe aux gens qui luttent dans l'ombre contre la tendance à considérer le malheur comme étant de la plus haute importance. Je veux m'entourer de gens qui me font du bien et m'intéresser à eux pour qu'ils m'enseignent leur secret. Je veux penser aux personnes qui peinent plus que moi, qui sont aux frontières du trépas ou qui sombrent dans l'angoisse. Je veux leur tendre la main et augmenter ma réserve de gratitude qui me préservera des mauvais jours.

Je veux garder espoir.

Je ne veux pas m'agripper aux barreaux de ma prison, je veux m'en libérer. Je veux considérer chaque jour comme la première journée du reste de ma vie. Je veux me féliciter d'être en vie et fixer mon regard sur les bons moments qui vont survenir inévitablement.

Qu'est-ce que cela m'apporte de ressasser mon petit malheur ? Une libération ? Je ne veux pas courir le risque de m'y prendre les pieds. Trop de brillantes personnes se font du mauvais sang pour des pacotilles, qu'elles tournent et retournent dans leur esprit. Comme une bactérie à peine visible à l'œil nu, sous le microscope, ces pacotilles deviennent d'affreuses créatures.

Moi, je veux apprendre à « ajuster mon appareil » afin de mettre les choses en perspective. Je veux réserver mes lunettes d'approche pour les moments flamboyants de mon existence. Je veux retrouver la magie de l'enfance. Je veux vivre une métamorphose et substituer la candeur de la spontanéité à mon hyperraisonnement. Je veux poser un bonhomme sourire à mon pare-chocs !

Je veux être moi-même.

Je veux relever le défi le plus élevé auquel me convie le futur : celui d'être moi-même et me révéler comme tel. Je veux me soustraire de l'image que les autres ont de moi et m'immuniser contre ce qu'ils racontent à mon sujet.

Je veux faire en sorte qu'il n'y ait pas de meilleur endroit au monde où me retrouver qu'en moi. Je ne désire pas tant devenir « quelqu'un » ni chercher à obtenir tout un tas de choses, un tas de connaissances, un tas de biens matériels, même un tas d'amis ; je veux être simplement moi. Les sages qui ont marché sur des chemins de vérité m'inspirent, mais ma propre voie est singulière. Je ne veux pas laisser les autres me détourner de ma route et me forcer à accomplir des choses insipides simplement parce qu'ils le font, eux.

Je veux tracer ma voie.

Mes chaînes sont faites d'absolus, mais la réalité est toute en nuances et constituée de fictions auxquelles je donne une valeur comme l'argent, les heures, Dieu. Je veux me rappeler l'énigme des neuf points et faire une chose inouïe : écrire des chapitres inédits de mon histoire. Et, avant de vouloir changer le monde pour qu'il soit meilleur, je vais commencer par me changer moi-même.

Je veux laisser mon intuition me guider vers des actions constructives. Je veux me fier à ce vestige de mon instinct animal, à cette intelligence du corps qui transcende le temps, à cette capacité de savoir ce qui sera bon pour moi dans un proche avenir.

Je veux devenir le héros de ma vie.

Je ne veux pas croire aux miracles… je veux les provoquer. Surtout, je veux continuer de nourrir mes rêves. Entre mes mains, je tiens le plus incroyable présent que m'offre la vie : mon destin. Je veux le vivre à ma manière. Je veux choisir mes convictions, mes batailles, mes amis.

À mon tour, je veux affirmer avec ardeur les paroles du poème Invictus *: « Je suis le capitaine de mon âme. » Je veux répéter mille fois : « Je suis l'interprète de ma plus grande œuvre : ma vie. »*

Je ne veux pas attendre de mourir pour vivre pleinement.

Je ne veux pas m'entendre dire : « J'aurais donc dû ! » Plus jamais de… « j'aurais dû m'écouter davantage, j'aurais dû aller au bout de mes passions, j'aurais dû voyager, rire à perdre mon souffle, j'aurais dû méditer, j'aurais dû me libérer de toutes ces choses inutiles, j'aurais dû donner sans attendre en retour et j'aurais dû dire : "Je t'aime." » Lorsque le temps aura passé sur mon corps, je ne veux pas avoir d'histoires inachevées.

Je ne veux pas avoir de terribles regrets, voilà pourquoi je termine ma déclaration d'indépendance en m'engageant solennellement à ne pas attendre ma mort pour réaliser des gestes, parmi les millions qui sont à ma portée, qui m'apporteront le sentiment d'être pleinement vivant.

Je ne veux pas attendre qu'il soit trop tard pour...

1. *Sourire à un passant.*
2. *Donner de l'espoir à un enfant.*
3. *Étreindre un ami.*
4. *Apprendre une blague.*
5. *Monter le son et chanter à tue-tête.*
6. *Danser ridiculement.*
7. *Respirer l'odeur du matin.*
8. *Aller dehors la nuit et regarder les étoiles.*
9. *Changer d'avis au sujet d'une personne, d'une situation.*
10. *M'abandonner à une peur.*
11. *Me détendre.*
12. *Respirer profondément.*
13. *Me rappeler un souvenir heureux.*
14. *M'émerveiller devant les beautés de la nature.*
15. *Demander à un proche de me dire une qualité que je possède.*
16. *Complimenter un ami, un collègue, un parent, un inconnu.*
17. *Actualiser une passion.*
18. *Me moquer de ce que les autres pensent.*
19. *Porter des vêtements dépareillés.*
20. *Prendre du recul vis-à-vis d'une situation pénible.*
21. *Regarder un film drôle.*
22. *Faire un premier pas pour réaliser un rêve.*
23. *Dire : « Tu as raison. »*
24. *Prendre des nouvelles de mes amis.*
25. *Faire ce qui me plaît.*
26. *Pardonner à quelqu'un, à la vie, à moi-même.*

27. *Compatir avec ceux qui souffrent.*
28. *Donner ma plus belle chemise.*
29. *Arrêter de travailler à l'heure prévue.*
30. *Dire « merci » une fois par jour.*
31. *Flatter un animal.*
32. *Ne pas me prendre au sérieux.*
33. *Prendre une photo du moment présent.*
34. *Aller marcher.*
35. *Faire un feu de camp.*
36. *Essayer une nouvelle recette.*
37. *Faire l'amour.*
38. *Visiter mes parents.*
39. *Faire une sieste.*
40. *Préparer un voyage.*
41. *Le réaliser !*
42. *Recevoir à dîner.*
43. *Faire la fête !*
44. *Ramasser des cailloux ou des coquillages.*
45. *Fermer les yeux pendant cinq minutes.*
46. *Écrire mes pensées positives.*
47. *Faire un vœu.*
48. *Allumer une bougie.*
49. *Fermer le téléviseur.*
50. *Aller dehors.*
51. *Chatouiller un enfant.*
52. *M'arrêter… au moins quelques instants.*
53. *Prendre la main de quelqu'un.*
54. *Sentir la brise sur ma peau.*
55. *Écouter de la belle musique.*
56. *Utiliser des expressions rigolotes.*
57. *Surprendre des gens.*
58. *Grimper une montagne.*
59. *Découvrir un mot bizarre dans le dictionnaire.*
60. *Partir à l'avance vers ma destination.*
61. *Aller aux pommes, aux fraises…*

62. *Donner un câlin.*
63. *Prendre soin d'une personne malade.*
64. *Écouter vraiment quelqu'un.*
65. *Faire quelque chose de nouveau.*
66. *Planter des fleurs.*
67. *M'émerveiller des talents de chacun.*
68. *Admirer le visage d'un enfant.*
69. *Aimer ma vie.*
70. *Suivre le vol d'un oiseau.*
71. *Me laisser déranger par quelque chose de plus important que mon travail.*
72. *Donner un coup de main à quelqu'un.*
73. *Faire une vente-débarras.*
74. *Dire ce que je pense vraiment.*
75. *Sortir seul pour voir le monde.*
76. *M'émouvoir sans retenue.*
77. *Faire « comme si » j'étais heureux, « comme si » j'avais confiance en moi…*
78. *Donner un généreux pourboire.*
79. *Enlever mes souliers et bouger mes orteils.*
80. *Rester en pyjama jusqu'à midi.*
81. *Rire quand je perds à un jeu.*
82. *Penser à une bonne chose qui est survenue aujourd'hui.*
83. *Planifier un projet emballant.*
84. *Prendre une pause.*
85. *Me pardonner une erreur que j'ai faite.*
86. *Me dire : « Demain, ça ira mieux ! »*
87. *Dire à ceux qui m'entourent combien je les aime.*
88. *M'abandonner à l'instant présent.*
89. *Prendre congé… avant de tomber malade.*
90. *Ne rien prévoir durant le week-end.*
91. *Sortir d'une réunion pour me défouler.*
92. *Faire plaisir à quelqu'un.*
93. *Me rendre en vélo quelque part.*
94. *Faire du bénévolat.*
95. *Foncer droit devant, vers un but.*
96. *Dire « oui ».*

97. *Avoir le courage de dire « non », parfois aussi..*
98. *Savourer un aliment les yeux fermés.*
99. *Être naturel, sans artifice.*
100. *Penser aux dernières minutes de ma vie et redéfinir mes priorités.*

Et vous, quels gestes vous donnent le sentiment d'être bien vivant?

BIBLIOGRAPHIE

CABIÉ, M.-C. et L. ISEBAERT. *Pour une thérapie brève : le libre choix du patient comme éthique en psychothérapie*, Ramonville Saint-Agne, Érès, 1997.

CSIKSZENTMIHALYI, M. et I. S. CSIKSZENTMIHALYI (sous la direction de). *A Life Worth Living : Contribution to Positive Psychology*, Oxford, Oxford University Press, 2006.

DE JONG, P. et I. K. BERG. *De l'entretien à la solution : l'accent sur le pouvoir des clients*, Bruxelles, Satas, 2002.

DE SHAZER, S. *Clés et solutions en thérapie brève*, Bruxelles, Satas, 1999.

________. *Explorer les solutions en thérapie brève*, Bruxelles, Satas, 2002.

________. *Patterns of Brief Family Therapy*, New York, Guilford, 1982.

________. « The death of resistance », *Family Process*, vol. 23, nº 1, 1984, pp. 11-17, 20-21.

DUNCAN, B. L. et S. D. MILLER. *Le client, héros de la thérapie*, Bruxelles, Satas, 2003.

ELKAÏM, M. *Panorama des thérapies familiales*, Paris, Seuil, 1995.

FRANKL, V. E. *Découvrir un sens à sa vie avec la logothérapie*, Montréal, Éditions de l'Homme, 1993.

FREEDMAN, J. et G. COMBS. *Narrative Therapy : The Social Construction of Preferred Realities*, New York, Norton, 1996.

HALEY, J. *Un thérapeute hors du commun : Milton H. Erickson*, Paris, Desclée de Brouwer, 1995.

LINLEY, P. A. et S. JOSEPH (sous la direction de). *Positive Psychology in Practice*, New York, Wiley, 2004.

MALAREWICZ, J.-A. *La stratégie en thérapie ou l'hypnose sans hypnose de Milton H. Erickson*, Paris, Éditions E.S.F., 1988.

MALAREWICZ, J.-A. et J. GODIN. *Milton H. Erickson : de l'hypnose clinique à la psychothérapie stratégique*, Paris, E.S.F., 1989.

MANDEVILLE, L. *Le bonheur extraordinaire des gens ordinaires : la psychologie positive pour tous*, Montréal, Éditions de l'Homme, 2010.

MILLER, S. D., B. L. DUNCAN et M. A. HUBBLE. *Pour en finir avec Babel : à la recherche d'un langage unificateur pour l'exercice de la psychothérapie*, Bruxelles, Satas, 2001.

O'HANLON, B. et S. BEADLE. *Guide du thérapeute au pays du possible : méthodes de la thérapie du possible*, Bruxelles, Satas, 1997.

O'HANLON, B. H. et M. WEINER-DAVIS. *L'orientation vers les solutions : une approche nouvelle en psychothérapie*, Bruxelles, Satas, 1995.

PEACOCK, F. *Arrosez les fleurs, pas les mauvaises herbes !*, Montréal, Éditions de l'Homme, 1999.

PETERSON, C. et M. E. P. SELIGMAN. *Character Strengths and Virtues : A Handbook and Classification*, Washington, DC/New York, APA/Oxford University Press, 2004.

SATIR, V. *Thérapie du couple et de la famille*, Paris, Desclée de Brouwer, 1995.

SELIGMAN, M. E. P. *Authentic happiness*, New York, Free Press, 2002.

SNYDER, C. R. et S. J. LOPEZ (sous la direction de). *Handbook of Positive Psychology*, New York, Oxford University Press, 2005.

WATZLAWICK, P. « La construction des “réalités” cliniques », dans P. WATZLAWICK et G. NARDONE (sous la direction de), *Stratégie de la thérapie brève*, Paris, Seuil, 2000.

_______. *Le langage du changement*, Paris, Seuil, 1980.

_______. (sous la direction de). *L'invention de la réalité*, Paris, Seuil, 1988.

WATZLAWICK, P., J. H. WEAKLAND et R. FISH. *Changements, paradoxes et psychothérapie*, Paris, Seuil, 1981.

WEINER-DAVIS, M. *A Woman's Guide to Changing Her Man Without Him Even Knowing It*, New York, Golden Books, 1998.

_______. *Divorce Busting*, New York, Simon & Schuster, 1992.

REMERCIEMENTS

J'ai appris une leçon importante de mon père, qui est décédé bien avant son heure. Je la tiens aussi de mon amoureux, qui me dit souvent de ne pas travailler autant. Il me rappelle qu'à la veille de ma mort, je ne penserai pas à ce dossier urgent à terminer. Je trouverai futiles les nuits blanches à ressasser mes problèmes et les week-ends à m'enfermer dans mon bureau. Je regretterai d'avoir attendu tant d'années avant de vivre selon mes envies profondes et… de réaliser mes rêves. Vous tenez dans vos mains l'un de ces rêves qui n'aurait pu être concrétisé sans le soutien de gens que je désire remercier.

Voilà quelques années, j'ai participé à une formation au Centre de thérapie stratégique à Montréal, dirigé par Josée Lamarre et André Grégoire. Ces deux merveilleux formateurs m'ont fait découvrir qu'il est possible d'éprouver un espoir authentique et de rire aux éclats avec nos clients. Cela a été une révélation pour moi ! Le contenu de ce livre est influencé par les stratégies qu'ils m'ont enseignées. Je les remercie sincèrement.

Ce que j'ai écrit dans ces pages constitue l'essentiel de ma pratique et de mon enseignement. Les rencontres avec mes clients et mes étudiants sont ma source première d'inspiration. Je les remercie du fon du cœur. Merci en particulier à Marilyn Houle et à Mélanie Marceau ; toutes deux ont contribué à l'ébauche de cet ouvrage.

Qu'est-ce qui est le plus important à mes yeux ? Des choses toutes simples et naturelles : les fous rires de mon garçon, ses yeux magnifiques, le courage dont il fait preuve pour dompter ses peurs intérieures et, surtout, sa présence chaque jour de ma vie ; la générosité de mon conjoint, ses mille gestes au quotidien, sa patience et son amour ; l'optimisme de ma mère et sa bonté sans mesure ; le souvenir ineffaçable de mon père ; l'humour et la simplicité de ma sœur et de mes frères ; et mes amis… je suis tellement reconnaissante de les avoir à mes côtés !

Merci à la vie… pour chaque rencontre émouvante avec les humains qui croisent mon chemin et les instants solitaires de pur bonheur et de sérénité.

Les membres de l'équipe des Éditions de l'Homme sont des faiseurs de miracles. Celui-ci, je le dois surtout à Erwan Leseul et à Pascale Mongeon !

Enfin, je vous remercie chers lecteurs de m'amener dans votre existence. Vous êtes ma raison d'écrire, vous me faites croire que cela en vaut la peine.

INVITATION AUX LECTEURS

Je vous invite à me communiquer vos témoignages
à l'adresse suivante :

bonheur.extraordinaire@gmail.com.

Je serai comblée de lire chacun de vos mots.

Vous pouvez également consulter mon site officiel :

luciemandeville.com

Au plaisir !

LUCIE MANDEVILLE

TABLE DES MATIÈRES

Suivez-nous sur le Web

Consultez nos sites Internet et inscrivez-vous à l'infolettre pour rester informé en tout temps de nos publications et de nos concours en ligne. Et croisez aussi vos auteurs préférés et notre équipe sur nos blogues !

EDITIONS-HOMME.COM
EDITIONS-JOUR.COM
EDITIONS-PETITHOMME.COM
EDITIONS-LAGRIFFE.COM

MARQUIS
Marquis imprimeur inc.

Québec, Canada
2012

Achevé d'imprimer au Canada
sur papier Enviro 100 % recyclé

100%

BIO GAZ